LA SCIENCE

DU

SOCIALISME UNIVERSEL,

SUIVIE DE :

LE DIEU DE PROUDHON,

PAR

HENRI LECOUTURIER,

Auteur de la COSMOSOPHIE.

Division de l'Ouvrage :

Étendue du Socialisme;
Le Socialisme des Infinis;
Le Socialisme des Mondes;
Le Socialisme des Hommes;
Le Socialisme des Sociétés.

Prix : 60 Centimes.

PARIS,

BALLARD, A LA PROPAGANDE, | DUTERTRE, LIBRAIRE,
rue des Bons-Enfants, 1. | Passage Bourg-l'Abbé, 20.

1850

LA SCIENCE

DU

SOCIALISME UNIVERSEL,

PAR

HENRI LECOUTURIER.

———o———

Le peuple est mûr pour la souveraineté, même celui qui ne paie pas la cote personnelle.

On a beau vouloir le désarmer de son redoutable bulletin de vote, on n'y réussira pas; la violence elle-même serait impuissante, parce que le fer ne peut rien contre l'idée.

Pour faire retourner le peuple en arrière, il ne faudrait rien moins que restaurer les ténèbres là où est la lumière, et l'ignorance là où est l'instruction.

Si le peuple est mûr pour la souveraïneté, il est mûr pour la science, parce qu'en dehors de la science il n'y a que la servitude de possible.

Durant la longue enfance de l'humanité, la science, ou du moins ce qu'on appelait ainsi, recouverte du voile de la *scholastique*, espèce de grimoire comparable pour la clarté aux *hiéroglyphes* des prêtres égyptiens, n'était accessible qu'aux hommes de loisir, de fortune et de savoir.

Pendant ce temps-là on endormait agréablement le peuple avec des contes bleus, des chansons, des romans, de la poésie et autres joujoux de cette espèce.

Aujourd'hui le peuple est majeur, puisqu'il a la prétention d'être souverain; à cet âge, il est bien temps de le sevrer et de remplacer ses hochets enfantins par quelque chose de plus viril, par des objets plus conformes à sa nouvelle position.

Nous avons entrepris de le réveiller utilement pour lui

apprendre à se connaître et à se juger avec tout ce qui l'entoure.

Si nous n'avions voulu parler qu'aux riches et aux érudits, nous nous en serions tenus à notre COSMOSOPHIE, et nous n'aurions pas fait ce petit ouvrage ; ce que nous avons le plus à cœur, c'est de donner le goût des lectures sérieuses au pauvre, à l'homme de travail, à l'homme le moins cultivé, et de l'instruire, sans le rebuter par des idées trop abstraites.

Notre but a donc été non seulement de faire un traité complet de la SCIENCE DU SOCIALISME UNIVERSEL, qui, par son extrême bon marché, fût à la portée de tous, mais encore de faire un traité clair, précis et intéressant qui ne demandât, pour être compris, que du bon sens.

Afin que le lecteur, qui voudra étudier plus au long les théories exposées ci-après, puisse se reporter plus facilement au titre correspondant de la COSMOSOPHIE, nous en donnons ici le sommaire.

Sommaire de la Cosmosophie.

SITUATION.

I. Aux Socialistes. — II. La tyrannie à trois têtes. — III. L'Éclectisme, c'est la décadence. — IV. La philosophie n'est pas une science. — V. Socrate a tué la philosophie. — VI. De la méthode avant Socrate. — VII. Aucune philosophie, aucune religion n'a compris la nature de l'homme. — VIII. Le Christianisme est mort. — IX. Intolérance chrétienne. — X. La religion n'est pas ce qu'on pense. — XI. Où sont les éléments de la science religieuse ? — XII. Le Socialisme universel, c'est l'ordre universel.

PÉRIODE ANALYTIQUE.

CHAP. I. — DE LA COSMOSOPHIE.

1. Qu'est-ce que la Cosmosophie ? — 2. Méthode cosmosophique.

CHAP. II. — DES INFINIS.

3. Le Chaos, c'est la matière incréée. — 4. Idée de l'Infini. — 5. Le fini constitue l'infini. — 6. Le fini ne peut percevoir l'infini. — 7. Le temps infini et l'espace infini. — 8. Un être est infini en tout ou n'est infini en rien. — 9. Deux vides nécessitent deux pleins. — 10. La matière ne peut combler à la fois l'espace et le temps. — 11. L'esprit, corrélatif du temps ; la matière, corrélatif de l'espace. — 12. L'existence de deux corrélatifs est indissolublement liée. — 13. Deux infinis ne se limitent pas.

CHAP. III. Nature des infinis.

14. Attributs de l'esprit. — 15. Attributs de la matière.

CHAP. IV. — But des infinis.

16. Théorie du progrès. — 17. Théorie de la conservation.

CHAP. V. — Lois des infinis.

18. La liberté, c'est la loi de l'esprit. — 19. Source du droit et du devoir. —
20. La fatalité, c'est la loi de la matière.

CHAP. VI. — Rapports des infinis entre eux.

21. Autorité de l'esprit sur la matière. — 22. Transition de l'infini au fini. —
23. Dérivés de l'infini. — 24. L'esprit et la matière, c'est l'univers.

PÉRIODE SYNTHÉTIQUE.

Époque cosmogonique.

CHAP. I. — De la Cosmogonie.

25. De la création selon les poètes. — 26. De la création selon la science. —
27. Age de l'univers.

CHAP. II. — De la forme et de la substance.

28. La forme fait l'identité des corps. — 29. La forme des corps est seule destructible. — 30. D'une forme qui se détruit naît une forme nouvelle. —
31. Nombre infini des formes. — Substance unique. — 32. Division de la
matière. — 33. Matière active et matière passive. — 34. Nature de la matière
calorique. — 35. Des formes de la matière solide.

CHAP. III. — De l'organisation de l'univers.

36. Chronologie de l'organisation universelle. — 37. L'univers s'organise en
vue de l'homme. — 38. La loi de Newton appliquée aux faits moraux. —
39. Du mouvement. — 40. L'immobilité n'existe pas. — 41. Attraction et
corrélativité.

CHAP. IV. — De la formation des sphères.

42. Lois qui ont présidé à la formation des sphères. — 43. Combinaison du
calorique avec le solide. — 44. Embryon des sphères. — 45. Ordre de la
formation des sphères. — 46. Ordre des gaz selon leur densité. — 47. Refroidissement des gaz. — 48. Fonction des foyers et des atmosphères. —
49. Du nombre infini des sphères. — 50. Nombre des satellites proportionnel
à la distance de leur planète au soleil.

CHAP. V. — Du mouvement des sphères.

51. Du mouvement de rotation. — 52. Du mouvement de révolution. — 53.
Du mouvement d'inclinaison. — Diminution de l'obliquité de l'écliptique en
raison du rapprochement du foyer central vers l'équateur. — 54. De la direction générale du mouvement des sphères.

CHAP. VI. — Du mécanisme universel.

55. Plan de l'univers. — 56. Simplicité du mécanisme universel. — 57. Du
fonctionnement moral de l'univers.

CHAP. VII. — De l'économie universelle.

58. Le fait postérieur résume les faits antérieurs dont il découle. — 59. L'homme
est le résumé de l'univers. — 60. Généalogie cosmogonique. — 61. Carac-
tère de l'époque cosmogonique.

CHAP. VIII. — Du soleil.

62. Nature du soleil. — 63. Chaleur du soleil. — 64. Le soleil, c'est la vie.

CHAP. IX. — De la terre.

65. Formation pyrogène. — 66. Généalogie des terrains pyrogènes. — 67. Formation cristalline. — 68. Théorie des montagnes. — 69. Théorie des volcans et des tremblements de terre. — 70. Théorie de l'atmosphère. — 71. Mouvements des mers des pôles à l'équateur et de l'équateur aux pôles.

CHAP. X. — DES ÊTRES ORGANISÉS.

72. Origine du règne organique. — 73. Embranchement des règnes végétal et animal. — 74. Solidarité des règnes végétal et animal. — 75. Des classifications naturelles. — 76. Echelle des terrains fossilifères.

CHAP. XI. — DU MOUVEMENT DES RACES SUR LE GLOBE.

77. Régions polaires, berceau des races. — 78. Courant des races des pôles à l'équateur. — 79. Type des premiers hommes. — 80. Généalogie des races humaines. — 81. Des variétés de races. — 82. Filiation et fraternité des races.

CHAP. XII. — DE LA PROVIDENCE.

83. Harmonie universelle. — 84. De la perfection accessible à l'homme. — 85. L'instinct c'est la conservation. — 86. De la perfectibilité des animaux.

CHAP. XIII. — DES COMÈTES.

87. Destruction du globe et formation des comètes. — 88. Lois des comètes. — 89. Marche des comètes. — 90. Transformation des comètes.

Époque humaine.

CHAP. XIV. — MYTHOLOGIE DE LA GENÈSE.

91. Des temps historiques. — 92. Adam est-il le premier homme? — 93. Portrait d'Adam et d'Eve.

CHAP. XV. — DES COMMENCEMENTS DE L'HOMME.

94. Éléments de la formation humaine. — 95. Harmonie nécessaire entre les éléments humains. — Esprit de la phrénologie. — 96. Formation humaine. — 97. Enfance de l'homme. — 98. Ordre du développement des organes. — 99. Fonctions de conservation. — 100. Origine de la vie morale. — 101. Destinée sociale.

CHAP. XVI. — DES PHASES DE LA VIE.

102. Les trois âges. — 103. Corollaire des trois âges. — 104. Le terme de la vie.

CHAP. XVII. — DE L'ACTIF ET DU PASSIF.

105. Tout fait résulte de l'action de deux êtres. — 106. Division des êtres en actifs et en passifs. — 107. L'être actif, c'est l'être libre; l'être passif, c'est l'être fatal. — 108. Supériorité de l'actif sur le passif. — 109. Devoir de l'actif envers le passif.

CHAP. XVIII. DE LA VIE MATÉRIELLE ET DE LA VIE MORALE.

110. But de l'humanité. — 111. Ce qui est de la vie matérielle. — 112. Ce qui est de la vie morale. — 113. Parallélisme de la vie morale et de la vie matérielle.

CHAP. XIX. — DES TRANSFORMATIONS HUMAINES.

114. Généalogie de l'humanité. — 115. Théorie des transformations humaines. — 116. Des transformations dérive le progrès.

CHAP. XX. — PRODUIRE ET JOUIR.

117. But de l'homme. — 118. Produire c'est progresser. — 119. Solidarité dans la production et la jouissance. — 120. A chacun selon son travail. — 121. A chacun selon ses besoins. — 122. Corollaire de la liberté sociale. — 123. Produire, c'est le bien moral; jouir, c'est le bien matériel. — 124. Devoir

de produire; droit de jouir. — 125. Jouir sans produire et produire sans jouir. — 126. Harmonie entre produire et jouir.

CHAP. XXI. DE L'IDÉAL.

127. Travail matériel et travail moral. — 128. Le beau et le vrai. — 129. Nature de l'idéal. — 130. L'idéal dans l'amour.

CHAP. XXII. — ORTHODOXIE SOCIALE.

131. Vie morale, corollaire de la vie matérielle la plus complète. —132. L'instinct diminue à mesure que la raison augmente. — 133. Du danger de combattre la chair. — 134 Le Christianisme et le Socialisme. — 135. Erreur sur l'origine du Socialisme. — 136. La liberté de l'homme n'est pas absolue.

CHAP. XXIII. — PHYSIOLOGIE ET PSYCHOLOGIE.

137. Assimilation matérielle et assimilation morale. — 138. Fonctions matérielles. — 139. Service des sens. — 140. Chaque sens est un toucher. — 141. Facultés morales. — 142. Conscience. — Instinct. — 143. Jugement. — Toucher. —144. Volonté — Nécessité. — 145. — Filiation des propriétés du corps. — 146. Filiation des propriétés de l'âme. — 147. Ordre du développement des facultés de l'âme. — 148. De l'origine des idées. — 149. — L'esprit est latent. —L'âme se manifeste.

CHAP. XXIV. — DE L'EXPÉRIENCE DES HOMMES.

150. — L'instruction et l'éducation. — 151. L'expérience fait le progrès. — 152. L'état de nature. — 153. Origine des sociétés. — 154. Antagonisme des sociétés. — 155. La question des limites. — 156. Avantages de la vie sociale.

CHAP. XXV. — DE LA TRANSMISSION DES IDÉES.

157. De la tradition. — 158. Du langage. — 159. Problème de l'instruction populaire.

CHAP. XXVI. — CHARTE POLITIQUE.

160 L'ignorance, c'est le règne de la matière. — 161. De l'ignorance naît le merveilleux. — 162. Du merveilleux naît la foi. — 163. De la foi naît le despotisme. — 164. Du despotisme naît la tyrannie. — 165. De la tyrannie naît la liberté. — 166. De la liberté naît la démocratie.

CHAP. XXVII. — CHARTE SOCIALE.

167. La civilisation, c'est ce qu'il faut détruire. — 168. — La gérontocratie condamnée à mort. — 169. Le mariage selon la nature et la raison. — 170. La famille régénérée. —171. La propriété réhabilitée. — 172. Anomalie de l'usure. — 173. Nécessité d'un signe vraiment représentatif des produits.

CHAP. XXVIII. — DU BIEN ET DU MAL.

174. Attraction de chaque être sur l'être parallèle qui le complète. —175. Le bien, c'est le cours régulier de la nature. — 176. Copulation des êtres sympathiques. — 177. Amour et amitié. — 178. Maladie matérielle et maladie morale. — 179. Révolutions, maladies des sociétés.

CHAP. XXIX. — DES ABUS DE LIBERTÉ.

180. Mort naturelle et mort accidentelle. — 181. Des trois genres de mort accidentelle. — 182. De l'attentat contre soi-même. — 183. — Châtiment de l'attentat contre soi-même. — 184. De l'attentat contre autrui.

CHAP. XXX. — DE LA RESPONSABILITÉ.

185. De la sanction. — 186. Peines et châtiments. — 187. Meurtre. — Suicide. — Duel. — 188. Droit de défense. — 189. Lois préventives et répressives. — 190. Responsabilité des sociétés.

APOCALYPSE.

CHAP. XXXI. — DE LA RELIGION POSITIVE.

191. Il n'y a pas d'être supérieur à l'homme. — 192. Le culte de soi-même. — 193. La religion qu'il faut au peuple.

CHAP. XXXII. — DE LA PERFECTION.

194. La mort, c'est le progrès. — 195. De la perfectibilité de l'âme. —196. La voie de la perfection. — 197. Ordre de la perfection des sphères.

CHAP. XXXIII. — DE LA TRANSFORMATION UNIVERSELLE.

198. Transformation des corps. — 199. Transformation des âmes.

ÉTENDUE DU SOCIALISME.

—

Il est extraordinaire que tant de gens parlent du Socialisme et que si peu sachent ce que c'est. — Il y a au fond de toutes les consciences un sentiment vague et indéfini qui nous pousse sans cesse en avant vers la recherche de la vérité. Et qui nous pousse à la recherche de la vérité, sinon le besoin de progrès? Et ce besoin de progrès, d'où provient-il, sinon du besoin d'amélioration qui devient toujours plus pressant à mesure que se déroule à nos yeux le tableau navrant des imperfections de notre société?

Tous ceux qui ont éprouvé ce besoin d'amélioration et, par suite, ce besoin de progrès, se disent *socialistes,* en principe : et ils ont raison. — Tous ceux qui admettent la possibilité d'un état meilleur et la nécessité de réformes dans la société, sont, qu'ils le veuillent ou non, des socialistes, de vrais socialistes. Il n'y a donc en dehors du Socialisme que ceux qui croient à la déchéance de l'humanité et qui admettent le progrès à reculons.

Tous ceux qui sont socialistes par principe, le sont par but ; et leur but à tous est le même : la recherche d'un état dans lequel l'humanité jouisse d'une plus grande somme de bien-être.

Sur le principe et le but du Socialisme, il n'y a aucune divergence entre les hommes ; toutes les écoles sont d'accord ; un seul cri sort de toutes les bouches : réalisons les améliorations qui découlent du progrès. — Il n'y a donc que sur la route à tenir pour marcher du principe au but du Socialisme, c'est-à-dire sur les moyens de réaliser le progrès, que les socialistes puissent différer entre eux.

Des différents moyens de réalisation des améliorations sociales sont nées les différentes écoles socialistes. Toutes les fois qu'un nouveau moyen de réaliser les améliorations sociales, est découvert, il donne naissance à une nouvelle école socialiste. Chaque école n'est donc qu'une route particulière tracée entre le principe et le but.

Chacun a considéré le Socialisme de son point de vue ; chacun en a pris pour lui un fragment, en disant : voilà tout le Socialisme ! mais ce que j'ose affirmer, c'est que nul jusqu'ici n'a eu l'audace de jeter un coup d'œil d'ensemble sur le tout.

Les uns nous ont réinventé l'éternelle panacée de toutes les douleurs humaines, la communauté, tant de fois renouvelée des Grecs, depuis Platon jusqu'à nos jours ; et ils se sont empressés de nous rétablir une hiérarchie avec toutes ses inégalités, avec tous ses priviléges, machine à compression plus terrible que celle de Nicolas l'autocrate, dans laquelle on aurait de la liberté de mouvement, à peu près comme dans un étau ; où l'on n'entrerait qu'en sacrifiant son droit de penser et son droit d'initiative, qu'en se dépouillant de son droit d'homme pour se revêtir de la valeur d'un chiffre, et tout cela, fraternellement et pour le plus grand bien de l'humanité. — Merci ! — Toute hiérarchie est de la tyrannie, et l'homme est né pour vivre avec ses coudées franches !

D'autres, malgré l'expérience de dix-huit siècles, ont persisté à voir dans le Christianisme l'idéal de l'humanité ; et là-dessus se mettant en train de concilier ce qui est inconciliable : la révélation avec la science, la foi avec la raison, le despotisme avec la liberté ; ils ont fouillé tous les bouquins les plus oubliés des bibliothèques ; ils ont vérifié les textes les moins importants ; ils se sont jetés des mots à la tête ; ils ont accompli en fait de logomachie les douze travaux d'Hercule, et par cette guerre puérile, ils n'ont réussi qu'à montrer l'inanité de leur science poudreuse.

D'autres sont venus qui ont dit : Voilà de l'économie politique ! L'économie politique est tout le socialisme ; il n'y a pas d'autre Socialisme que l'économie politique. — Ceux-là du moins ont fait du Socialisme, parce que l'économie politique est du Socialisme ; mais l'économie politique n'est pas plus le Socia-

lisme qu'une sphère n'est l'univers, qu'un homme n'est l'humanité. — L'économie politique est une des mille faces du Socialisme. Le peuple s'est ému et il a pris parti pour l'économie
politique; il devait en être ainsi dans un siècle où la misère est
la plaie des classes laborieuses. La question de la production
des richesses et de leur équitable répartition doit sonner très
agréablement aux oreilles de ceux qui ont pour commensal la
faim et pour hôte le dénûment; la première chose pour un affamé, c'est de manger; toute autre chose est pour lui secondaire et subordonnée à celle-là. — Mais ce n'est pas à dire qu'on
doive rétrécir l'intelligence populaire au point de lui faire croire
que *Socialisme* est synonyme de *manger*; lorsque le peuple
aura mangé, il lui faudra autre chose; c'est à cette autre chose
qu'il faut songer, et cette autre chose est encore du Socialisme.

Qu'on traite de l'économie politique ou de toute autre partie
de la science sociale, cette partie ne forme pas un tout; et ne
formant pas un tout, elle n'a pas par elle-même de principes
en dehors de l'ensemble du Socialisme. — Pour trouver son
principe, il faut remonter à la science dont elle découle, parce
qu'elle découle nécessairement d'une autre science. — Cette
nouvelle science dont elle découle ne sera pas plus un tout que
n'était la première, et pour trouver son principe à elle aussi, il
faudra remonter à la science supérieure; et ainsi, pour trouver le principe d'une des branches de la science sociale, il
faudra trouver le principe commun à toutes les branches de
la science sociale, parce qu'elles sont toutes soumises à une
loi unique. — Toute branche du Socialisme à laquelle cette loi
ne serait pas appliquée, serait organisée sur de fausses bases, et
cesserait d'être du Socialisme. De sorte que pour trouver le
principe d'une seule des branches de la science sociale, il faut
remonter de branche en branche, la filière de toute les sciences,
et arriver ainsi jusqu'à leur origine où est le principe qui leur
est commun à toutes, et suivant lequel toutes doivent être organisées.

Celui donc qui fait du Socialisme partiel, c'est-à-dire celui
qui tire des conséquences d'un principe qui n'est pas établi,
fait du *probabilisme* et non de la *science*; n'ayant aucun criterium sur lequel il puisse se guider, il s'expose à tomber dans le
faux et il y tombera infailliblement.

Le Socialisme n'est donc pas seulement la science des moyens, c'est encore la science du principe et du but. Sans principe et sans but, il ne peut y avoir de moyens, car les moyens sont la route qui conduit de l'un à l'autre. Or, si l'on n'a pas le principe pour point de départ et le but pour point d'arrivée, il ne peut exister de route qui mène de l'un à l'autre, c'est-à-dire de moyens. — Donc le Socialisme n'est pas seulement la science des moyens, c'est avant tout, la science du principe et du but. — Comme *principe* et *but* ne veulent pas dire autre chose que *commencement* et *fin*, et que *moyen* veut dire *milieu*, le Socialisme est non-seulement la science du milieu, mais encore la science du commencement et d a fin. — Si le Socialisme embrasse en même temps le commencement, le milieu et la fin, le Socialisme embrasse tout, le Socialisme est donc la science universelle.

Pour nous, le Socialisme, c'est la science des principes avec lesquels l'univers est constitué; c'est ensuite la synthèse de ces mêmes principes pour arriver à la synthèse universelle; c'est enfin la science matérielle et morale de l'univers, que quelques savants ont rêvée sous le nom de science du cosmos, et que nous avons établie dans un autre ouvrage, sous le nom de COSMOSOPHIE.

Nous avons divisé la SCIENCE du SOCIALISME UNIVERSEL en quatre parties :

I. LE SOCIALISME DES INFINIS, c'est l'étude des principes, l'analyse des éléments qui constituent tout ce qui existe.

II. LE SOCIALISME DES MONDES, c'est l'étude de la formation des sphères et de tout ce qu'elles renferment.

III. LE SOCIALISME DES HOMMES, c'est l'étude de l'homme matériel et moral pris comme individu.

IV. LE SOCIALISME DES SOCIÉTÉS, c'est l'étude de l'homme matériel et moral pris dans ses rapports avec les autres hommes.

LE SOCIALISME DES INFINIS.

Tous les philosophes, depuis Socrate, ont répété sur tous les tons le fameux: *connais-toi toi-même*, et ils en ont fait le mot d'ordre de la science. — On ne pouvait avoir un but plus raisonnable ; car ce qui importe le plus à l'homme, c'est la connaissance de lui-même.

Pour arriver à la science de l'homme, il ne suffit pas de considérer l'homme comme une espèce d'abstraction dans le monde, de faire le vide autour de lui, de rompre ses rapports avec tout ce qui l'entoure, et de le tourner et le retourner ensuite sur tous les sens pour l'étudier au moral et au physique, pour l'examiner dans ses rapports avec lui-même et avec ses semblables. Cette méthode qui a été celle de tous les philosophes, n'a abouti à rien. — L'homme pris comme principe est inexplicable, et toute étude sur l'homme-principe n'est que du probabilisme. L'homme pris comme conséquence est un être logique, et toute étude sur l'homme-conséquence est de la science. — C'est cette seconde méthode qui sera la nôtre.

Avant d'entrer dans l'étude de l'homme, nous commencecerons par rétablir tous les rapports qui existent entre l'homme et l'univers dont il fait partie.

Au-delà de l'homme, nous voyons des animaux ; pour étudier le principe de l'homme, il nous faut donc étudier ces animaux.

Au-delà des animaux, nous voyons des plantes ; pour étudier le principe des animaux, il nous faut donc étudier ces plantes.

Au-delà des plantes, nous voyons des minéraux ; pour étudier le principe des plantes, il nous faut donc étudier ces minéraux.

Au-delà des minéraux, nous voyons des globes ; pour étudier le principe des minéraux, il nous faut donc étudier ces globes.

Au-delà des globes solides, nous voyons des liquides ; pour étudier le principe des globes solides, il nous faut donc étudier ces liquides.

Au-delà des liquides, nous voyons des vapeurs ou gaz ; pour étudier le principe des liquides, il nous faut donc étudier ces vapeurs ou gaz.

Au-delà des vapeurs ou gaz, nous voyons de la matière solide et de la matière calorique ; pour étudier le principe des vapeurs ou gaz, il nous faut donc étudier cette matière solide et cette matière calorique.

Au-delà de la matière solide et de la matière calorique, nous voyons de la matière et du mouvement, c'est-à-dire de l'esprit ; pour étudier le principe de la matière solide et de la matière calorique, il nous faut donc étudier cette matière et cet esprit, lequel est la source du mouvement.

Arrivés à la matière et à l'esprit, nous touchons aux principes de l'univers, nous avons découvert les infinis, au-delà desquels il n'y a plus rien.

Pour étudier l'homme, il faut donc étudier l'univers. — L'homme étant le dernier être organisé dans le monde, est le résumé de toutes les transformations qui se sont opérées avant lui ; il est par conséquent l'être le plus parfait, parce que la nature n'est jamais rétroactive, et que toutes les organisations antérieures n'ont été chacune qu'un des éléments qui devaient entrer dans son organisation.

Deux opinions concernant la nature de l'univers, se sont jusqu'ici partagé le monde.

L'une, annihilant en elle les yeux de l'esprit, n'avait jeté sur tout ce qui l'entourait que les yeux du corps ; elle avait vu partout de la matière ; et même, le Dieu, que par une inconséquence bizarre elle s'efforçait de reconnaître, elle le faisait matériel. — La matière, selon ses plus chauds partisans, existait par elle-même, agissait par elle-même sans avoir besoin d'un moteur étranger. Cette doctrine est ce qu'on a appelé le MATÉRIALISME ; c'est le principe du droit de la force, du despotisme brutal, de la tyrannie matérielle.

L'autre opinion, celle qu'on a nommée le SPIRITUALISME, est née du matérialisme, par la raison qu'un excès engendre toujours l'excès opposé ; un spiritualisme effréné devait réagir contre un matérialisme effréné ; le spiritualisme chrétien a été une réaction contre le matérialisme païen. — Les spiritualistes, eux, n'ont rien vu que par les yeux de l'esprit ; la terre leur a paru un exil, le bien-être un châtiment ; ils ont fait prédominer partout l'incertain sur le certain, l'espérance sur le fait ; ils ont préféré la mort à la vie, l'avenir au présent ; la chair a été pour eux le principe du mal ; ils ont regardé leur corps comme leur plus dangereux ennemi ; peu s'en est fallu qu'ils ne le prissent pour une invention du diable. — Dans ce système, il n'existe pas autre chose que Dieu, un Dieu-esprit qui n'a pas besoin de la matière pour exister ; vaincre sa chair, dompter son corps, détruire la matière, c'est le vœu de l'esprit ; tous les penchants, tous les désirs, tous les besoins les plus légitimes du corps sont regardés comme une tentation ; c'est presque de la vertu que de suicider son corps pour l'édification de son âme, on pense sans doute qu'on peut vivre pur esprit sans avoir besoin de corps. De là la tyrannie du droit divin cent fois pire que celle de la force brutale, de là encore la tyrannie morale qui s'exerce par l'individu sur lui-même.

Il est évident que la vérité n'appartient pas aux matérialistes, parce que l'univers n'est pas matière. — Il est non moins évident que la vérité n'appartient pas aux spiritualistes, parce que l'univers n'est pas esprit. — Mais la vérité appartient aux matérialistes et aux spiritualistes, parce que l'univers est matière et esprit ; autrement dire : la matière ne forme pas un tout, mais bien une partie ; l'esprit ne forme pas non plus un tout, mais bien une partie. — Pour avoir un tout, c'est-à-dire l'univers, il faut la réunion des deux parties, c'est-à-dire la réunion de la matière et de l'esprit.

L'homme est un être fini, c'est-à-dire qu'il est borné dans ses sens comme dans son intelligence. — Si sa vue ne peut embrasser un espace sans limites, c'est-à-dire que, si dans un espace sans limites, ses yeux ne peuvent apercevoir au-delà d'un certain point de cet espace, si son intelligence ne peut comprendre un sujet qui n'a pas de bornes, l'homme n'est donc pas de taille, ni au physique, ni au moral, à se mesurer avec l'infini ; l'infini n'existe donc pas pour lui.

Si l'homme veut se faire une idée de *l'espace*, il est obligé d'ajouter les unes aux autres, toutes les *étendues* ou parties de l'espace qu'il connaît, de les étendre au-delà de toutes limites, de façon à ce qu'elles n'aient pas de fin pour lui ; quand il ne pourra plus aller plus loin dans son opération, il aura atteint l'espace infini. — On se fait une idée du *temps* en ajoutant les unes à la suite des autres, toutes les *durées* ou parties du temps qu'on connaît et en les prolongeant à l'infini. — Il résulte de là que l'homme ne connaît l'infini que par le fini, que pour lui le fini constitue l'infini, qu'avant de connaître l'espace et le temps comme intégralité, il les connaît comme parties, que tout infini se divise en parties ; l'espace en étendues, le temps en durées, la matière en corps, l'esprit en âmes, et qu'il ne peut exister d'être, si infini qu'il soit, qui ne soit divisible en une infinité de parties.

L'infini n'est pas le même pour tous les hommes, il est relatif à chacun ; l'infini c'est l'inconnu ; l'infini commence où l'on

cesse de savoir. Pour l'aveugle, tout est infini dans le domaine
de la vision, parce que tout est inconnu ; le fini est rétréci
pour le myope ; l'infini est donc proportionnellement plus vaste
pour lui que pour l'homme qui a de bons yeux ; le fini s'agrandit
à mesure qu'on se sert d'un télescope plus puissant, l'infini
diminue donc en proportion. — Il en est de même au moral ;
l'idiot est plus circonscrit dans le domaine de la pensée que
l'homme de génie. — L'infini est donc plus considérable pour
l'idiot que pour l'homme de génie. — Par conséquent, l'infini,
comme le fini et comme toute chose de ce monde, est relatif ;
il n'y a pas d'infini absolu.

En dehors de toute idée de création, abstraction faite de tout
ce qui existe, il y a dans l'univers deux êtres que nous ne pouvons en retrancher et auxquels nous ne pouvons assigner de
bornes, deux êtres qui entrent nécessairement comme éléments
dans tout système cosmogonique, deux êtres que tous les livres
révélés et toutes les traditions déistes (l'Évangile aussi bien que
la Génèse) ont été obligés de regarder comme infinis, comme
contemporains de leur Dieu infini, comme ayant été antérieurs
à leur création et comme devant être postérieurs à toute destruction de l'univers. — Ces deux êtres sont le TEMPS et L'ESPACE.

Le temps et l'espace sont deux *êtres négatifs*, c'est-à-dire deux
êtres qui ne sont rien par eux-mêmes, qui n'existent qu'à la
condition d'être comblés par deux *êtres positifs*, infinis comme
eux.

Le temps, c'est l'être négatif moral, c'est le vide moral, autrement dire : l'absence de l'être moral ou esprit. — L'esprit
infini est donc l'être positif moral, c'est-à-dire le plein nécessaire pour combler le vide moral qu'on appelle temps infini ;
par conséquent, l'esprit est le corrélatif du temps.

L'espace, c'est l'être négatif physique, c'est le vide matériel,
autrement dire : l'absence de l'être physique ou matière. — La
matière infinie est donc l'être positif physique, c'est-à-dire le
plein nécessaire pour combler le vide physique ou matériel
qu'on appelle espace infini ; par conséquent, la matière est le
corrélatif de l'espace.

Dire : l'esprit est infini comme son corrélatif le temps, c'est
dire que l'esprit et le temps atteignent l'infini dans le sens de
la durée, c'est dire que l'esprit et le temps sont *éternels*. — Dire :
la matière est infinie comme son corrélatif l'espace, c'est dire

que la matière et l'espace atteignent l'infini dans le sens de l'étendue, c'est dire que la matière et l'espace sont *illimités*.

Si l'esprit est infini en durée qui pourra lui trouver une limite en étendue? Et de même, si la matière est infinie en étendue, qui pourra lui assigner une limite en durée?

Donc l'esprit, sans devenir matériel, est infini dans l'espace, comme il l'est dans le temps, et la matière, sans devenir morale, est infinie dans le temps comme elle l'est dans l'espace; donc le mot et la qualité d'*infini* s'appliquent tout aussi bien au temps et à son corrélatif l'esprit, qu'à l'espace et à son corrélatif la matière, et l'on peut dire *infini dans le temps* comme on dit *infini dans l'espace*.

Il résulte de là qu'un être ne peut être infini dans un sens et fini dans l'autre; un être est infini dans toutes ses propriétés par cela qu'il est infini dans une seule.

Nul être n'existe s'il n'a un être parallèle qui soit son corrélatif comme la matière l'est à l'espace, comme l'esprit l'est au temps; et de plus l'existence de la matière est indissolublement liée à l'existence de l'espace, et l'existence de l'esprit à celle du temps, et réciproquement.

Le mot *corrélatif* veut dire *complément*; la matière est le corrélatif de l'espace parce que la matière possédant les *qualités positives* dont l'espace possède les *qualités négatives*; l'espace est le vide matériel dont la matière est le plein, et parce que le relief des qualités de la matière s'ajustant parfaitement sur le creux des qualités de l'espace, la matière complète parfaitement l'espace et le comble dans toute son étendue. — Il en est de l'esprit et du temps comme de la matière et de l'espace.

Il résulte de ce qui précède qu'il y a quatre infinis : deux infinis négatifs : le temps et l'espace; et deux infinis positifs : l'esprit et la matière. Ces quatre infinis à proprement parler, n'en forment que deux, parce que le temps et son corrélatif l'esprit ne forment qu'un infini dans le sens de la durée, et que de même l'espace et son corrélatif la matière ne forment qu'un infini dans le sens de l'étendue. — Mais si l'on veut avoir un infini complet, c'est-à-dire un infini en durée et en étendue; l'esprit ou l'infini en durée et la matière ou l'infini en étendue ne font plus, à eux deux, qu'un seul infini dans le sens de la durée et dans le sens de l'étendue. — Un être qui ne serait infini que dans un des sens soit de la durée, soit de l'étendue, ne serait pas un infini complet puisque l'infini a deux sens : le le sens de la durée et le sens de l'étendue. — Donc l'esprit et la matière avec leurs corrélatifs le temps et l'espace, ne forment qu'un seul infini, mais un infini complet, un infini dans les deux sens, un infini en durée et en étendue.

Le Christianisme qui semble si éloigné de croire à l'éternité de la matière, n'a pourtant pas, que je sache, d'autre révélation que celle de la Bible ; et la Génèse dit qu'avant la création, le chaos existait en dehors de Dieu. — Or, qu'est-ce que le *chaos*, si ce n'est *la confusion* ou l'assemblage confus de *molécules ou principes matériels.* — Les Juifs et les Chrétiens, quoiqu'ils s'en défendent, admettent donc l'*éternité de la matière* sous le nom de *Chaos*, et l'*éternité de l'esprit* sous le nom de *Dieu*. Il n'y a entre eux et nous que la distance du mot *chaos* au mot *matière*, du mot *Dieu* au mot *Esprit*.

Il faut que nous disions ici, pour qu'on ne s'y méprenne pas, qu'il n'y a jamais eu d'époque pendant laquelle l'esprit, remplissant le temps, ait existé en présence de la matière remplissant l'espace, sans agir sur cette matière et sans se mêler à elle.

L'esprit et la matière sont éternels ; ils ont eu un but aussitôt qu'ils ont existé ; ils ont dû remplir ce but aussitôt qu'ils l'ont eu. Or, quel est ce but qu'ont eu l'esprit et la matière, si ce n'est l'action de l'esprit sur la matière en vue d'un fait qui sera le premier travail d'organisation de l'univers ? — Donc l'esprit et la matière ont dû concourir à l'organisation universelle aussitôt qu'ils ont existé, c'est-à-dire de toute éternité. — Donc il n'y a pas eu d'époque où les élémens dont est formé l'univers, aient existé sans être mis en œuvre.

Au commencement, donc, à l'époque fictive dont nous supposons l'existence, pour les besoins de notre analyse métaphysique, l'esprit était ; et il comblait le vide moral qu'on appelle le temps.

La matière était aussi ; et elle comblait le vide physique qu'on appelle l'espace.

En dehors de l'esprit et de la matière, il n'y avait rien, parce que l'esprit et la matière comblaient l'infini du temps et l'infini de l'espace, et que ces deux infinis une fois comblés, il ne restait plus de place pour un troisième infini quel qu'il fût.

L'esprit et la matière coéternels, coinfinis ne se limitaient pas plus, que le temps et l'espace ne se limitaient, parce que l'esprit était la négation de la matière, et la matière la négation de l'esprit.

L'esprit et la matière existaient conjointement parce qu'ils se nécessitaient l'un l'autre. — Ils étaient donc corrélatifs l'un à l'autre, comme le temps à l'esprit comme l'espace à la matière, ne pouvant exister isolément.

L'esprit était le but de la matière et la matière était le moyen de l'esprit. — Ils existaient l'un pour l'autre, comme ils existaient l'un par l'autre.

De ce la matière était le moyen de l'esprit, il résulte que l'esprit avait action sur la matière. — L'esprit n'avait action sur la matière qu'en vue d'un résultat qui devait être le but commun de l'esprit et de la matière.

Or, qu'est-ce qu'une action ?

C'est le mouvement imprimé par un *être actif* à un *être inerte* qui lui sert de moyen pour produire un fait.

Dans cette définition sont renfermés les attributs de nos deux êtres infinis, l'esprit et la matière : l'être actif c'est l'esprit, l'être inerte c'est la matière.

L'esprit est actif parce qu'il est immatériel, comme la matière est inerte parce qu'elle est étendue. — L'activité de l'esprit existe pour agir sur l'étendue de la matière, comme l'inertie de la matière existe pour subir le mouvement de l'esprit. — L'activité de l'esprit est corrélative à l'inertie de la matière, c'est-à-dire que l'activité de l'esprit complète l'inertie de la matière, comme l'esprit complète la matière, et réciproquement.

De ce que l'esprit est actif et que la matière est passive, c'est-à-dire de ce que l'esprit, principe du mouvement, a l'initiative sur la matière, qui ne fait que subir, il résulte que l'esprit est supérieur à la matière.

Si l'esprit a l'initiative sur la matière, l'esprit a par cette raison la liberté d'agir sur la matière dans les limites de ses attributs ; l'esprit a donc sur la matière une *action libre*.

La matière, devant subir l'action libre de l'esprit, doit par cela même attendre qu'il plaise à l'esprit d'agir sur elle ; la matière, dans son concours avec l'esprit, n'a donc qu'une *action fatale*.

L'esprit est l'ÊTRE ACTIF et par cela même il est *l'être libre*.

La matière est l'ÊTRE PASSIF et par cela même elle est l'*être fatal*.

On pourrait diviser en *êtres actifs* et en *êtres passifs* tous les êtres qui se succéderont dans l'univers. — Tout être actif a besoin pour produire d'un être passif qui lui soit corrélatif et parallèle, comme l'esprit a besoin de la matière pour engendrer l'univers. Tout être actif est *libre* au moins pour l'action dans laquelle il a l'initiative. Tout être passif est *fatal* au moins pour l'action dans laquelle il subit. — L'être actif est supérieur à l'être passif au moins pour l'action dans laquelle il agit.

Il résulte de là que la liberté qui est la loi de l'esprit, régit tous les faits moraux, et que de même la FATALITÉ qui est la loi de la matière, régit tous les faits physiques.

La liberté, c'est donc la faculté qu'a l'être actif de se mouvoir dans les limites de sa nature.

La fatalité c'est l'état d'inertie morale de l'être passif, qui, n'ayant point conscience des faits auxquels il concourt, n'a pas le choix entre le bien et le mal.

La liberté c'est la jouissance d'un droit; mais *droit* impose *devoir*, car devoir est corrélatif à droit. — La grande loi de la liberté donne donc naissance au droit et au devoir.

Se mouvoir, d'après la définition de la liberté, est le but de l'être actif; *se mouvoir*, pour l'être actif, équivaut donc à *faire le bien*, parce que le but de l'être actif ne peut être autre chose que le *bien*. — L'être actif ne peut *faire le mal* qu'en sortant des *limites de sa nature*.

Il résulte de là que la liberté engendre pour l'être actif, *le droit de se mouvoir* et *le devoir de ne pas sortir des limites de sa nature*, autrement dire : *le droit de faire le bien* et *le devoir de pas faire le mal*.

Si la faculté de faire le bien est LE DROIT, l'obligation de faire le bien est LE DEVOIR.

Le devoir sert de sanction au droit. Pas de droit sans devoir ; pas de devoir sans droit. — Celui qui a le droit de faire quelque chose, a toujours pour devoir de le faire. De même, celui qui a pour devoir de faire quelque chose, a toujours le droit de le faire. — Hors de la liberté, il n'y a ni droit ni devoir.

L'esprit est l'être actif, et l'être actif c'est le principe du mouvement; l'esprit est donc par cela même le principe du

PROGRÈS, parce que le progrès n'est pas autre chose que le mouvement.

Quand il y a mouvement, on marche; quand on marche, on gagne du terrain : gagner du terrain, c'est quitter le terrain sur lequel on est, pour passer sur un autre terrain qui est devant soi. — Si l'on ne s'arrête pas sur le terrain où l'on est, c'est qu'on trouve un avantage à passer sur le terrain qui est devant soi, c'est, en un mot, que ce terrain est meilleur que celui sur lequel on est. — S'il en est ainsi de chaque terrain sur lequel on passe, on arrive donc, en marchant toujours, à un terrain toujours meilleur. — Si l'on arrive toujours à un terrain meilleur, on ne revient jamais au terrain qu'on a quitté.

Pour arriver au terrain meilleur qui est devant nous, il nous faut passer par le terrain sur lequel nous sommes. Toute zone de terrain, si étroite qu'on la suppose, nous est nécessaire pour passer du terrain où nous sommes, sur le terrain meilleur qui suivra.

Voilà la marche générale de tous les faits de l'univers; la marche exceptionnelle, c'est celle qui a lieu en temps de révolution, quand d'un seul bond on franchit plusieurs zones de terrain à la fois.

Le progrès n'est pas seulement une marche perpétuelle, mais une marche perpétuelle d'une amélioration à une amélioration plus grande.

Comme l'esprit, l'être actif, est le principe du progrès, la matière, l'être inerte, est le principe de la CONSERVATION. — La conservation est au progrès ce que la matière est à l'esprit. — La conservation est la base du progrès. En effet, conserver ce qui existe, c'est s'assurer un point de départ fixe pour arriver à faire exister ce qui n'existe pas. La conservation, c'est ce qui est aujourd'hui; ce n'est pas ce qui sera demain, car si ce qui existe aujourd'hui, existait encore demain, ce serait l'inertie, c'est-à-dire la négation du progrès. — La conservation n'est jamais que d'un degré en retard sur le progrès.

Chaque progrès accompli devient conservation aussitôt qu'il est accompli; et cette conservation cesse d'exister, même comme conservation, aussitôt qu'un nouveau progrès, passé à l'état de conservation, s'est établi au-dessus d'elle.

La conservation est nécessaire au progrès comme le progrès

est nécessaire à la conservation. — Chaque progrès se manifeste par une amélioration matérielle ; et la conservation n'étant qu'une amélioration matérielle consommée, la conservation n'est donc, pour ainsi dire, que la manifestation du progrès.

Tout progrès est le moyen d'une conservation, et toute conservation le moyen d'un nouveau progrès dont le but final est la perfectibilité indéfinie.

On pourrait appeler le progrès L'IDÉAL, et la conservation LE RÉEL, parce que tout ce qui est vrai pour le progrès, est vrai pour l'idéal et tout ce qui est vrai pour la conservation, est vrai pour le réel, et réciproquement.

Le progrès a pour point de départ l'infini ; il a pour moyen la transformation ; il a pour but réel la perfectibilité et pour but idéal la perfection.

Qu'est-ce ce que la PERFECTION ?

C'est la fiction que nous avons appelée *infini* ou *absolu*, c'est ce qu'on a toujours devant soi, ce dont on approche sans cesse à mesure que l'on progresse, mais qu'on n'atteint jamais. — Si l'homme ne peut jamais atteindre la perfection, la perfection n'existe pas pour l'homme.

La route du progrès est une route immense qui ne commence nulle part et qui ne finit pas. Quel que soit le nombre d'étapes qu'on fasse sur cette route, le nombre des étapes qu'on aura à faire sera toujours aussi grand que le nombre de celles qu'on aura faites. — Si la route du progrès ne mène pas l'homme à la perfection, c'est-à-dire à l'infini, à l'absolu, elle le mène à la PERFECTIBILITÉ, c'est-à-dire au fini, au relatif.

Si l'homme ne peut aspirer à la perfection absolue, il peut aspirer à la perfectibilité relative, celle qui consiste à satisfaire tous les besoins d'une époque avec tous les élémens mis à sa disposition, et à atteindre l'idéal du bien-être le plus large qui puisse être rêvé.

Quand on rêve une prospérité supérieure à celle que l'on a, c'est qu'on est en état de la réaliser ; quand toute une société a conscience d'un progrès, c'est qu'elle est en état de l'accomplir. — On ne peut courir qu'après ce qui est possible ; et rien n'est possible, si les moyens d'exécution ne sont là, sous la main, tout prêts à être mis en œuvre.

L'homme, en se faisant l'idée d'un certain état de prospérité, voit le but vers lequel il tend; une fois qu'on aperçoit le but, ou peut toujours l'atteindre, parce que tout but a un chemin qui y conduit, de même que tout chemin conduit à un but.

Pour parvenir à l'état de prospérité qu'il a rêvé, l'homme n'a qu'à faire manœuvrer tous les outils qu'il a sous la main, à travailler chaque matière dans le sens de sa destination, et à trouver à chaque chose son application et sa place.

Il n'y a jamais eu dans l'univers de CRÉATION d'aucune espèce; l'homme ne peut créer; l'esprit lui-même est impuissant à créer, il ne peut qu'agir, comme élément actif, sur l'élément passif, la matière, en vue de l'arrangement, de la combinaison, de l'organisation des mondes.

Rien ne naît de rien. — Toute cause a un effet, et tout effet est lui-même une cause. — Rien ne peut être anéanti. — Tout se transforme.

L'esprit et la matière contiennent en eux le germe de tous les faits matériels et moraux qui se produiront dans l'univers. — Chaque TRANSFORMATION ne fera que développer ou, pour mieux dire, manifester dans un fait ultérieur le fait qui était à l'état de germe ou d'embryon dans le fait précédent. — Chaque transformation ne crée donc absolument rien; elle ne fait que tirer la conséquence nécessaire d'un principe existant dans un fait antérieur.

Tout fait postérieur possède toutes les propriétés des faits antérieurs dont il découle, avec une propriété de plus. — Cette nouvelle propriété, ajoutée à la somme des propriétés anciennes, résulte du nouveau degré de perfectionnement que les faits antérieurs acquièrent en se concentrant dans le fait postérieur.

Toute chose est donc le résumé de toutes les choses qui l'ont précédée, avec une propriété de plus. — Ainsi, tout ce qui s'est fait jusqu'à ce jour existe donc en vue de ce qui se fera demain.

L'homme sera le dernier produit des êtres de l'univers, il sera donc le plus parfait. — Tout ce qui aura été fait jusqu'à son apparition, aura été fait en vue de lui; l'homme sera donc pour ainsi dire un univers en abrégé. — Cet homme lui-même ne sera pas le dernier mot de la perfectibilité; il sera fait en vue de l'homme plus parfait qui lui succédera, et ainsi de suite.

La perfectibilité indéfinie est le centre d'attraction de tous les faits moraux.

On peut comparer la pesanteur des faits moraux vers ce centre d'attraction, à celle que Newton a découverte pour les centres d'attraction des faits physiques. « L'intensité de la pesan- » teur est en raison inverse des carrés des distances au centre ». d'attraction. »

De sorte que un corps qui aura, en tombant, parcouru 10 mètres au bout d'une seconde, en aura parcouru 40 au bout de deux secondes, 90 au bout de trois secondes, 160 au bout de quatre secondes, etc.

De même, la vitesse avec laquelle les faits moraux se précipitent par la route du progrès vers la perfectibilité indéfinie, leur centre d'attraction, devient d'autant plus considérable qu'ils sont plus avancés dans la route du progrès, c'est-à-dire qu'ils découlent d'un plus grand nombre de faits moraux préexistans, lesquels ont été de moins en moins parfaits à mesure qu'ils ont été plus rapprochés de leur principe.

Il n'y a pas deux lois pour les faits physiques et pour les faits moraux. — Ils sont parallèles comme la matière et l'esprit dont ils tirent leur origine. — Ils sont faits les uns pour les autres, ils se complètent et n'ont qu'une seule loi, de même qu'ils n'ont qu'un seul but : la perfectibilité.

Nous avons dit que l'être actif, l'esprit, avait l'initiative sur l'être passif et inerte, la matière. Pour arriver au premier fait de l'organisation universelle, l'esprit, en raison de sa force attractive résultant de sa corrélativité avec la matière, met en mouvement son activité. — Le mouvement de l'esprit cause un mouvement égal dans la matière. Ces deux mouvements combinés produisent une action commune.— De cette action commune résulte un fait. Ce fait est le travail d'organisation de l'univers.

L'élaboration du premier fait a pour objet de faire des parties dans chaque être, de faire du fini avec de l'infini. L'esprit et la matière ne peuvent se diviser, sans diviser également leurs corrélatifs, le temps et l'espace en une infinité de durées et d'étendues.

L'*esprit* divisé s'appellera *âmes* ou *faits moraux*. — La *matière* divisée s'appellera *corps* ou *faits physiques*. — Le *temps* divisé s'appellera *durées.* — L'*espace* divisé s'appellera *étendues.*

L'esprit, la matière, le temps et l'espace n'existeront plus d'un seul bloc, mais ils n'en seront pas moins infinis, parce que le nombre de leurs faits moraux, de leurs faits physiques, de leurs durées et de leurs étendues sera infini.

La corrélativité et l'attraction sont pour les *parties* ce qu'elles étaient pour le *tout.* — Chaque portion déterminée de la matière infinie répond à une portion déterminée de l'esprit infini, et elles sont faites en vue l'une de l'autre ; il en est de même des différentes portions de l'espace et du temps, les unes à l'égard des autres et à l'égard des portions de la matière et de l'esprit qui leur sont corrélatives.

Le produit de l'action de l'esprit sur la matière sera l'UNIVERS ; et l'univers sera infini comme l'esprit et la matière ; car l'univers, ce sera l'esprit et la matière ; l'univers, ce sera TOUT.

LE SOCIALISME DES MONDES.

—

Après avoir divisé la substance qui compose l'univers, après en avoir analysé les éléments, après en avoir examiné les propriétés et fait découler les lois, il nous reste à récomposer cette substance, à en rapprocher les éléments et à en appliquer les lois ; c'est-à-dire après l'ANALYSE UNIVERSELLE vient la SYNTHÈSE UNIVERSELLE ; après l'étude de la substance, l'étude des formes.

En dehors des deux principes, l'esprit et la matière infinis qui sont la substance dont se compose l'univers, tout est FORME dans l'univers. — Tout ce qui est forme est fini ; tout ce qui est fini est destructible ; tout ce qui est destructible a commencé et finira ; donc tout ce qui est forme, c'est-à-dire tout ce qui est fini, c'est-à-dire encore tout ce qui existe en dehors de l'esprit et de la matière, pris comme principes, est destructible.

Il n'y a donc rien de *définitif* dans l'univers sauf l'esprit et la matière ; le reste, tout ce qui existe est forme, et toute forme est *provisoire ;* donc tout ce qui existe pour l'homme est provisoire, parce que l'homme, étant fini, ne peut embrasser que le fini ; et tout ce qui est fini est forme.

Chaque forme n'existe que dans l'attente de sa *transformation*, c'est-à-dire que chaque forme attend qu'une forme nouvelle vienne la remplacer. — Toute forme est *relative*; rien, pas même l'esprit et la matière n'existent pour nous comme *absolus*, parce que nous ne les connaissons pas comme *substances*, nous ne les connaissons que comme *formes*, nous ne connaissons les infinis que par leur fini ; nous ne connaissons la *matière* que par les *corps*; nous ne connaissons l'*esprit* que par les *âmes*; les corps sont les formes de la matière, les âmes sont les formes de l'esprit.

La forme est ce qui fait l'identité des corps ; c'est ce qui fait que ce corps est lui-même et non le corps voisin ; en un mot, c'est la forme qui fait distinguer un corps des autres corps. Le corps est donc tout entier dans la forme.

La portion de matière, débris d'une combinaison qui avait pour résultat une forme, ne restera pas informe parce que la première forme sera détruite. La première forme ne peut se détruire sans donner, par cela même, une autre forme à la substance dont elle se composait. — Ainsi, qu'on pulvérise une pierre, on en fera du sable ou de la poussière ; qu'on fonde un minéral, on en fera un liquide ou un gaz, ce ne sera donc pas un anéantissement, mais bien une transformation de pierre en sable ou poussière, de minéral en liquide ou en gaz.

Tous les faits de l'univers ne seront qu'une immense série de formes qui se succèderont les unes aux autres, c'est-à-dire une immense série de transformations ; l'univers n'est qu'un perpétuel changement de formes, c'est-à-dire une PERPÉTUELLE TRANSFORMATION.

Par la seule raison qu'une seconde forme succède à une première forme, la seconde forme, en vertu de la loi du progrès, doit être plus parfaite que la première. — Toutes les transformations universelles ont donc le progrès pour but.

Il résulte de ce qui précède que le nombre des formes est infini, tandis que la substance dont se composent les corps est une et partout la même. Les cinquante-cinq éléments admis en chimie, ne sont donc pas plus des corps simples que les quatre éléments des anciens. Leurs formes et leurs propriétés différentes ne concluent rien contre leur unité de substance.

L'exemple des CORPS ISOMÈRES dont le nombre s'accroît chaque jour est bien fait pour convaincre que les mêmes éléments, unis dans les mêmes proportions, peuvent former des corps qui ont des formes et des propriétés différentes, comme *l'essence de citron* et *l'essence de térébenthine.*

Nous avons dit que l'esprit est l'être actif et la matière l'être passif. — Le résultat de l'action de l'esprit sur la matière a été la division de la matière en deux parties : la partie CALORIFORME et la partie SOLIDIFORME.

Ce que j'appelle *caloriforme*, c'est ce que la science a nommé fluide impondérable et impondéré, dont la chaleur, la lumière, l'électricité, etc, ne sont que des effets. — Ce que j'appelle *solidiforme*, c'est ce que la science désigne sous les noms de gaz, vapeurs, liquides et solides.

Il n'y a aucun solide que la chaleur ne puisse faire passer à l'état liquide et de là à l'état gazeux ; de même, il n'y a aucun gaz que le refroidissement ne fasse passer à l'état liquide et de là à l'état solide.

Il y a des gaz comme l'oxigène, l'hydrogène, l'azote et l'acide carbonique, qui sont très difficiles à solidifier ; il est à remarquer que ce sont eux précisément qui jouent le plus grand rôle dans la composition des êtres organisés ; après avoir servi à la formation des végétaux et des animaux, ils se combinent pour former l'eau et l'air atmosphérique, pour entretenir la respiration, pour donner un aliment à la combustion, etc. — On pourrait donc juger du degré d'utilité d'un gaz dans la composition de l'univers, par la résistance qu'il oppose à la solidification.

De même que dans la grande division de la substance universelle en esprit et en matière, nous avons constaté un être actif et un être passif, de même dans la grande division de la matière, nous constatons un être actif, le caloriforme, et un être passif, le solidiforme. — Le caloriforme n'est actif que relativement au solidiforme qui subit son action, parce que le caloriforme, si subtil et si mobile qu'il soit, est matière comme le solidiforme et que toute matière est essentiellement passive par rapport à l'esprit à qui seul appartient l'action initiale. — Le caloriforme ne possède que l'activité que l'esprit lui a communiquée afin qu'il la communiquât à son tour au solidiforme.

Comme le caloriforme est un fluide tellement subtil, qu'à nos sens grossiers il pourrait presque passer pour immatériel, l'esprit qui est immatériel par excellence, a choisi le caloriforme, comme la partie de la matière qui se rapproche le plus de sa nature, pour entrer en rapport direct avec lui.

Nous ne connaissons le caloriforme que par ses résultats: la chaleur, la lumière, l'électricité. Voici ce que la science a constaté: La lumière traverse les distances avec une vitesse incomparable; elle nous vient du soleil en 8 minutes, parcourant 72,000 lieues par seconde. — La rapidité de l'électricité n'est pas moindre.

De même que l'esprit a choisi le caloriforme, la partie la plus subtile de la matière, pour lui communiquer le mouvement, de même le caloriforme a choisi l'état le plus subtil du solidiforme, pour lui communiquer le mouvement qu'il avait reçu de l'esprit. — Or, l'état le plus subtil de la matière solidiforme, c'est l'état gazeux. — Le premier état de la matière solidiforme est donc l'état gazeux. — Après les gaz viennent les liquides; après les liquides les solides. — La matière solidiforme a donc été gazeuse, puis liquide avant d'être solide.

On peut juger du degré d'aptitude au mouvement de chaque état de la matière solidiforme par la quantité de caloriforme qu'il est susceptible de contenir. Ainsi, le gaz est celui qui contient le plus de caloriforme, en même temps qu'il a le plus d'aptitude au mouvement; le liquide en contient moins que le gaz et il est proportionnellement moins mobile que lui; le solide contient moins de caloriforme que le liquide et il est moins apte que lui au mouvement.

Le MOUVEMENT, au point de vue des infinis, n'est pas autre chose que l'action de l'esprit sur la matière dans le but de produire l'univers; mais au point de vue de l'homme, c'est tout ce qui s'appelle force d'ATTRACTION ou de RÉPULSION, et qui se manifeste par un changement dans la forme ou dans la situation des corps.

Cependant, il arrive que deux mouvements égaux, se faisant contrepoids, n'ont pas pour manifestation un changement dans la forme ou dans la situation des corps; l'état qui en résulte est ce qu'on nomme IMMOBILITÉ. — L'immobilité n'existe pas, si l'on entend par là défaut de mouvement, puisque l'immobilité est le résultat de deux mouvements qui se neutralisent. —

Cette prétendue immobilité est la GRAVITATION; et le point où vient aboutir, et par suite se neutraliser l'effort des deux mouvements agissant en sens opposé, est le CENTRE DE GRAVITÉ. — C'est au centre de gravité que vient toujours se placer en équilibre le corps à l'état d'immobilité apparente ou gravitation.

Tout est en gravitation dans l'univers, parce que chaque point est un centre de gravité entre deux mouvements qui se neutralisent; cela résulte de l'ATTRACTION existant entre tous les corps qui sont, deux par deux, corrélatifs et parallèles dans l'univers.

L'attraction est le moyen qu'ont deux êtres corrélatifs et parallèles de se rapprocher, de se combiner et de produire un résultat; et elle n'existe entre ces deux êtres corrélatifs et parallèles qu'autant qu'ils ont un résultat à produire en agissant l'un sur l'autre. — Aussitôt le résultat produit par l'attraction commune des deux êtres corrélatifs et parallèles, l'attraction cesse d'exister entre eux.

Lorsqu'il n'y a plus attraction entre deux êtres corrélatifs et parallèles, il y a RÉPULSION. — La répulsion est donc une force négative, c'est le défaut d'attraction. — La répulsion existe toujours entre deux êtres corrélatifs et parallèles, lorsque ces deux êtres, en agissant l'un sur l'autre, ont produit le résultat en vue duquel ils s'étaient attirés. — La répulsion est toujours égale à l'attraction, c'est-à-dire qu'après le résultat produit, les deux êtres corrélatifs et parallèles s'éloignent l'un de l'autre, de toute la distance qu'ils ont parcourue pour se rapprocher en vue de produire leur résultat.

L'esprit et la matière étant corrélatifs et parallèles, s'attirent en vue de la communication du mouvement de l'esprit à la matière, et de la manifestation du mouvement de l'esprit par la matière; de là résulte la division de la matière en partie caloriforme et en partie solidiforme. — De même, le caloriforme et le solidiforme, corrélatifs et parallèles l'un à l'autre, s'attirent en vue de la combinaison, des molécules caloriformes avec les molécules solidiformes.

Le caloriforme, plus subtil, et par suite plus mobile que le solidiforme, se répand instantanément sur tous les points, se combine avec lui et l'enflamme partout où il le rencontre. — Le caloriforme, combiné avec le solidiforme, produit un corps intermédiaire qu'on nomme GAZ. — Un gaz est une portion de matière solidiforme renfermant la plus grande quantité de caloriforme qu'elle puisse renfermer. — Plus un corps diminue de densité, plus il s'étend; le gaz est donc le corps qui occupe la plus grande étendue dans l'espace.

L'état gazeux est donc celui sous lequel se présente la matière avant toute organisation. — L'état corrélatif à l'état gazeux est l'état solide; de façon que l'un ne peut cesser d'exister sans se transformer en l'autre, en passant toutefois par l'état intermédiaire qui est l'état liquide. — Mais le gaz ne peut se transformer en solide sans perdre de son caloriforme, et le solide ne peut se transformer en gaz sans absorber du caloriforme. — Conséquemment, dans la FORMATION DES SPHÈRES, une partie du caloriforme s'échappe en vertu de la force de répulsion; mais comme la surface de la sphère n'éprouve pas d'obstacle à émettre le caloriforme qu'elle contient, il en résulte une condensation rapide des couches extérieures qui, resserrant de plus en plus la masse intérieure, en forme un *foyer central* d'une grande intensité.

De même, la condensation des *satellites*, celle des *planètes*, celle des *soleils*, etc, resserrant la masse intérieure de leurs divers systèmes, en forment des foyers différents sous le nom de planète, soleil, soleil de *voie lactée*, etc.

Ainsi d'un groupe de satellites naît une planète qui est leur centre. — D'un groupe de planètes naît un soleil qui est leur centre. — D'un groupe de soleils naît un soleil de voie lactée, qui est leur centre; et ainsi jusqu'à l'infini.

Comme l'être postérieur est plus parfait que l'être antérieur, il en résulte qu'une planète est plus parfaite qu'un satellite, un soleil plus parfait qu'une planète, etc. Cet ordre de la formation et de la perfection des sphères est aussi celui de leur densité et de leur mobilité, de sorte que toutes les sphères d'un système sont rangées autour de la sphère centrale selon leur degré de densité et de mobilité. — En effet, l'astronomie constate que plus une sphère est près du soleil, plus elle est dense, et moins elle est mobile. — De même, en géologie, il est prouvé que moins une couche de terrain est éloignée du centre de la terre, plus elle est dense et moins elle est mobile, par conséquent.

Il résulte de là que l'étendue d'une sphère est en raison de sa distance à la sphère qui lui sert de centre de mouvement;

ainsi, un satellite est moins étendu qu'une planète, une planète est moins étendue qu'un soleil, etc. — D'après le même principe, de toutes les planètes d'un système, la moins étendue est la plus rapprochée du soleil ; de tous les satellites d'une planète, le moins étendu en est également le plus rapproché, et ainsi pour les soleils par rapport aux soleils de voie lactée, etc. — De même, le nombre des satellites est proportionnel à la distance de leur planète au soleil ; le nombre des planètes d'un soleil suit la même loi. — Les couches, même de terrains qui composent une sphère, sont soumises à une loi analogue, car plus une couche de terrain est éloignée du centre de la terre, plus elle est étendue et plus elle renferme d'espèces de terrains.

D'après cela nous pouvons dire que les soleils sont à leur soleil central, ce que les planètes sont à leur soleil, ce que les satellites sont à leur planète, ce que les couches de terrain sont au foyer de leur sphère, en sorte qu'un système de sphères peut être considéré comme une sphère immense dont chaque planète formerait une couche de terrain.

Ces rapports que nous posons ici seulement pour les sphères de notre système, nous les étendons aussi aux sphères supérieures aux soleils, et aux sphères inférieures aux satellites. — Les progrès astronomiques et l'analogie nous permettent de dire qu'il y a une infinité de sphères plus grosses que le soleil et une infinité de sphères plus petites que les satellites, régies par les mêmes lois, et que la plus petite molécule est environnée de sphères comme le plus gros soleil. — L'espace infini est donc rempli d'une infinité de sphères dont chacune est un centre en même temps qu'elle dépend de la circonférence d'un autre centre, de sorte que selon la célèbre définition de Pascal : « l'Univers est une sphère infinie dont le centre est partout et la circonférence nulle part. »

La dépendance des sphères et l'infinité de leur nombre et de leur volume nous donnent le secret des lois de leur mouvement infini ; elles nécessitent entre toutes les sphères une corrélation infinie, qui ait pour principe un lien également infini. — Ce lien est l'*attraction*, qui a le calariforme pour moyen ou conducteur ; c'est par le caloriforme que les sphères sont mises en rapport entre elles.

De cet échange continuel de caloriforme, il résulte pour les sphères un grand nombre de mouvements dont les principaux sont : — 1° le mouvement de *rotation*, dû à la variation de température de la surface inter-tropicale des sphères ; — 2° le mouvement de *révolution*, dû à la variation de température de la masse totale des sphères ; — 3° le mouvement d'inclinaison ou de *balancement* dans le sens des pôles, dû à la variation de température de la surface polaire des sphères.

En conséquence, depuis que les sphères sont entrées dans leur période de refroidissement, ces trois mouvements diminuent avec la température. — Ainsi, le mouvement de rotation diminue en raison de la diminution de la quantité de caloriforme que reçoivent leurs surfaces tropicales ; le mouvement de révolution en raison de la diminution du caloriforme que reçoivent leurs masses ; le mouvement d'inclinaison en raison de la diminution du caloriforme que reçoivent leurs surfaces polaires.

Il résulte de là, pour la terre, — 1° qu'elle tourne de moins en moins rapidement sur elle-même, que, par conséquent, le jour augmente, — 2° qu'elle se rapproche du soleil de plus en plus, que par conséquent, son orbite se rétrécit, — 3° que l'obliquité de l'écliptique sur le plan de son équateur est de moins en moins grande ; par conséquent, les tropiques se rapprochent continuellement de l'équateur.

Le monde physique n'est donc pas condamné à tourner périodiquement dans le même cercle, comme le pensent le savant Laplace et l'Institut, d'accord, en cela, avec *l'Académie des sciences morales et politiques* qui condamne le monde moral à parcourir périodiquement l'ornière du passé. — Le monde, comme l'a dit Michelet en réfutant Vico, tourne dans un cercle, il est vrai, mais dans un cercle qui va toujours en s'élargissant.

Les opinions des Chaldéens et des Egyptiens, d'après ce qu'on lit dans Hérodote et Diodore de Sicile, basées sur les plus anciennes observations astronomiques qui aient été faites, et les nombreuses observations qui datent des temps écoulés depuis le quatrième siècle avant l'ère chrétienne, jusqu'à nos jours, constatent que *la diminution de l'obliquité de l'écliptique est d'environ une minute par siècle.* — Il résulte de là que dans 140, 750 ans environ, l'écliptique et l'équateur se confondront, c'est-à-dire que le soleil ne s'écartera plus de la ligne équinoxiale. — A cette époque, les contrées tempérées n'étant plus réchauffées par le soleil, leurs chétifs habitants se seront réfugiés sous l'équateur, dernier abri qui leur restera contre le froid envahisseur. — Ils seront à la veille de la catastrophe suprême, celle de la DESTRUCTION DU GLOBE.

Le foyer central, concentré sous l'équateur par suite de son rapprochement parallèle à la diminution de l'obliquité de l'écliptique, déchirera subitement le globe sur toute sa longueur et lancera dans l'espace les deux hémisphères terrestres qui formeront deux COMÈTES, l'une *directe*, l'autre *rétrograde*, tandis que des fragments moins considérables donneront naissance à des *astéroïdes, étoiles filantes*, ou *aérolithes*. — Ces comètes, dissoutes peu à peu dans leur marche autour du soleil, iront sous forme de *matière cosmique*, aux limites de notre système et du système supérieur, en alimenter les sphères, ou y former des sphères nouvelles sous le nom de *nébuleuses*. Ces nébuleuses rayonnant vers leur centre commun leur calorique, donneront naissance à une planète dont elles seront les satellites; et le système supérieur aura un système planétaire de plus.

A l'époque de la destruction de la terre, il y aura longtemps que la lune aura disparu, comme ont disparu les autres satellites de la terre.

En connaissant le mode de formation, le mécanisme des sphères et les rapports qui existent entre une planète et ses satellites, entre le soleil et les planètes d'un même système, on a un aperçu du plan qui a présidé à l'organisation de l'univers; chaque système solaire en est un modèle en petit, en supposant que l'infini est le soleil autour duquel gravitent tous les systèmes et toutes les sphères dont se composent ces systèmes.

Un SYSTÈME ASTRONOMIQUE est une division composée de toutes les sphères gravitant autour d'une sphère commune qui leur sert de centre de mouvement. — Le système le moins étendu pour nous est le système planétaire : il se compose de tous les satellites ou lunes qui se meuvent autour d'une même planète, leur centre de mouvement commun. — Vient ensuite le système solaire qui se compose des diverses planètes roulant avec leurs satellites autour du même soleil. — Le dernier système dont nous ayons notion, est celui des voies lactées, mais il est certain qu'il y a des milliards de systèmes infiniment plus vastes qui ne sont encore qu'une faible partie de l'univers. — Ainsi d'un grand système en un plus grand système, après une série de progressions se prolongeant indéfiniment, on finit par se faire une toute petite idée de l'ensemble de l'univers.

Comme un *système planétaire* se compose des satellites roulant autour d'une planète commune ; comme un *système solaire* est la réunion de plusieurs planètes roulant avec leurs satellites autour d'un soleil commun ; de même, un *système de voies lactées* est formé d'une multitude de soleils entraînant leurs planètes avec leurs satellites dans l'immense orbite qu'il décrit autour d'un astre central. — Il en est de même pour tous les autres systèmes supérieurs, jusqu'à ce que l'univers arrive à rouler, comme un seul système, autour de l'infini.

L'univers n'aurait pas de raison d'être s'il n'avait un but moral, comme il a un but physique. Chaque sphère étant destinée à remplir une partie du but physique de l'univers, est donc aussi destinée à remplir une partie de son but moral. — Le but moral de chaque sphère est de donner naissance à un être mi-partie physique et mi-partie moral, mi-partie fatal et mi-partie libre ; cet être sera l'homme, et il se formera mi-partie de l'esprit et mi-partie de la matière qui compose la sphère où il naîtra. — Si une sphère, quelle qu'elle soit, cessait un instant d'avoir un but moral, c'est-à-dire si elle cessait d'être nécessaire à l'homme, aussitôt elle se dissoudrait.

L'élaboration de l'univers a dû commencer par l'organisation des corps les plus simples, c'est-à-dire les plus imparfaits. — Donc tout corps d'une organisation simple est antérieur à celui dont l'organisation est plus compliquée ; une organisation compliquée ne pouvant être que la réunion de plusieurs organisations simples.

L'homme ne pourrait exister sans animaux, sans végétaux, sans terre, sans eau, sans atmosphère, sans l'action du caloriforme sur le solidiforme, sans l'action de l'esprit sur la matière. — Par conséquent, l'homme contient tout cela en lui, l'homme est le résumé de tout ce qui s'est produit jusqu'à sa venue ; l'homme descend en ligne directe de l'action de l'esprit sur la matière, en passant par le caloriforme et le solidiforme, les gaz, liquides, les minéraux, les végétaux et les animaux. — Au point de vue physique, l'organisation du premier homme n'est que d'un degré supérieure à l'organisation du dernier animal. — Le plus imparfait des hommes fut le premier né de la

race humaine ; il naquit du dernier organisé des animaux, c'est-
à-dire du plus parfait des animaux.

Nous avons à constater ici que tout ce qui se fera jusqu'à
l'homme, sera un progrès matériel en vue de l'organisation
de l'homme, être moral ; les progrès matériels qui se succèderont depuis la première élaboration de l'univers jusqu'à
l'homme, se feront en vue du progrès moral ; donc le progrès
moral couronne le progrès matériel, comme l'homme couronne l'échelle généalogique des êtres organisés.

L'esprit, en agissant sur la matière, s'est incorporé dans cette
matière, et jusqu'à l'organisation de l'homme, l'esprit existera
dans la matière à l'état latent ; quand je dis que l'esprit sera à
l'état latent dans la matière, j'entends que l'esprit sera comme
caché dans la matière, qu'il n'aura aucune manifestation libre ou
morale. — La matière, pendant cette période de la formation
des mondes, domine l'esprit ; elle lui interdit de se montrer
librement, jusqu'au jour où, la partie devenant égale entre
l'esprit et la matière, l'équilibre se rétablira entre eux ; ce jour
sera celui de la venue du premier homme. Jusque-là, toute
espèce de manifestations seront matérielles, et elles absorbe-
ront la part qu'y aura prise l'esprit en leur communiquant le
mouvement ; mais par ces progrès matériels la porte sera ou-
verte aux progrès moraux.

Le SOLEIL est une sphère composée de caloriforme, matière
subtile et impondérée qui, comme nous l'avons vu, est la
source de la lumière, de la chaleur, de l'électricité et du magné-
tisme. — Le soleil n'est pas en combustion, c'est le réservoir
de la chaleur de notre système solaire qui fait rayonner ses
émanations dans tous les sens ; mais ces émanations de caloriforme ne s'enflamment qu'en se combinant avec les gaz qui
forment les atmosphères de chaque globe. — La chaleur et la
lumière sont à l'état latent dans le caloriforme solaire comme
la chaleur et la lumière sont à l'état latent dans une allumette
chimique ; il faut, pour que le caloriforme entre en combustion, qu'il se combine, par la pression, avec une matière
inflammable susceptible de l'alimenter, telle que l'air.

Par l'effet du mouvement de rotation de notre planète
autour de son axe, le foyer central creuse sans cesse sa four-
naise dans le sens de l'équateur et jamais dans le sens des pôles,
il en résulte que l'écorce du globe, qui recouvre le foyer, doit

être moins épaisse entre les tropiques qu'aux pôles, d'où il suit que le foyer central doit rejeter dans l'air des régions tropicales une plus grande quantité de matière atmosphérique que dans les régions polaires. — Or, comme le caloriforme du soleil se combine d'autant mieux avec l'atmosphère que les gaz qui la composent sont plus abondants et plus subtils, le soleil doit verser sur les régions torrides une bien plus grande quantité de rayons que sur aucune autre partie du globe. — Ajouter à cela la perpendicularité des rayons solaires à l'équateur et leur obliquité aux pôles, et l'on aura le secret des chaleurs excessives là, et des froids sans mesure ici. — Par là, on explique encore la présence de la neige et le froid qu'on éprouve sur les hautes montagnes, même dans les régions les plus brûlantes.

Le soleil existe pour les tristes contrées du nord comme pour les riants pays du midi; notre planète est arrangée de manière à ce que chacune de ses parties ait autant de temps la lumière que les ténèbres. — Au lieu d'avoir 365 fois par an, le soleil, à raison de 12 heures par fois, comme à l'équateur, le pôle ne l'a qu'une fois par an, mais, en récompense, son jour unique dure 6 mois. — Avec une absence du soleil prolongée pendant 6 mois, le développement de tout être organisé est impossible.

Notre planète, la TERRE, ne s'est pas formée autrement que toutes les sphères; les systèmes astronomiques ont été composés sur le même plan que la terre, et le plan de l'univers infini est le même que celui qui a été suivi dans l'organisation de la plus simple sphère, c'est-à-dire que l'univers est une sphère infinie, composée de couches superposées, dont les plus denses sont plus au centre, et les plus subtiles, plus près de la circonférence.

Autour du foyer central de la terre, vinrent primitivement se ranger les gaz les plus denses, par la seule force de leur pesanteur. — Si la partie de l'écorce du globe, formée par la fusion de la matière, se compose de cinq terrains rangés dans cet ordre à partir du foyer: *les laves, les trachytes, les basaltes, les porphyres, les granites*, les laves sont plus denses que les trachytes; les trachytes, plus denses que les basaltes; les basaltes, plus denses que les porphyres, et les porphyres, plus denses que les granites. Par conséquent, dans la même proportion, les gaz qui ont formé les laves, étaient plus denses que ceux qui ont formé les trachytes; ceux qui ont formé les trachytes, plus denses que ceux qui ont formé les basaltes; ceux qui ont formé les basaltes, plus denses que ceux qui ont formé les porphyres, et ceux qui ont formé les porphyres, plus denses que ceux qui ont formé les granites.

A mesure que ces cinq espèces de terrain se solidifiaient à l'extérieur, le foyer intérieur, resserré par leur condensation, acquérait une force d'expansion de plus en plus grande; les vapeurs du foyer se firent brèche; les cinq couches pierreuses qui le recouvraient furent crevassées en tous sens, et par cette multitude de cheminées, des torrents de vapeurs se répandirent dans l'atmosphère à la surface du granite, fondant et emportant avec eux tous les débris des minéraux qui leur faisaient obstacle. — Ces vapeurs, en se refroidissant, passèrent à l'état liquide, puis à l'état solide et donnèrent naissance aux *cristaux*. — A la formation cristalline appartiennent le micaschiste, le quartz et le gneiss. — Plus tard les eaux, en passant et repassant à leur surface, en détachèrent d'innombrables fragments, qui, joints à des matières de plus en plus animalisées, formèrent sous le nom de *stratifications* les terrains sur lesquels nous sommes établis.

A la force d'expansion des vapeurs du foyer central, sont dus aussi les soulèvements de certains points de la surface du globe, qu'on nomme MONTAGNES. — Il est à remarquer que plus une montagne est élevée, plus les terrains qui forment son sommet sont primitifs, c'est-à-dire denses, si elle n'a pas subi d'éboulements depuis sa formation. — Une montagne qui serait d'une hauteur égale à la profondeur de l'écorce terrestre jusqu'au foyer central, et qui n'aurait pas subi d'éboulements, aurait à son sommet de la lave; au-dessous, du trachyte; plus bas, de la basalte; puis, du porphyre; enfin, du granite superposé aux couches cristallines et stratifiées; cette montagne formerait une échelle renversée des terrains qui se succèdent depuis la surface du globe jusqu'à son foyer.

Les principales chaînes de montagnes du globe vont à peu près dans la direction du Nord au Sud, ainsi qu'on le remarque sur toutes les cartes géographiques; il faut attribuer cet effet au mouvement de rotation de la terre, qui, à l'époque où elle était encore peu consistante, causa dans la masse du foyer central des ondulations perpendiculaires à la direction de ce mouvement. Ces ondulations nous expliquent pourquoi vers les pôles on ne trouve que des montagnes de quelques centaines de mètres, tandis que vers l'équateur il y en a qui ont jusqu'à 9,000 mètres.

Il faut des cheminées pour donner cours aux gaz accumulés autour du foyer central ; ces cheminées s'ouvrent la plupart du temps sur la crête des montagnes et forment les VOLCANS qui lancent des laves, du feu, du soufre, de l'eau, de l'air et jusqu'à de la boue.

Avant de s'ouvrir violemment un passage, les vapeurs internes doivent ébranler fortement la paroi qui leur fait obstacle ; cet ébranlement se fait sentir jusqu'à la surface du globe ; c'est ce que nous appelons TREMBLEMENT DE TERRE. — Un tremblement de terre est toujours le signe certain qu'une masse de vapeurs, comprimées au foyer, s'efforcent de se faire jour. — Ces vapeurs ne cessent d'ébranler le sol que lorsqu'elles se sont fait passage. — Il peut y avoir des éruptions sans tremblement de terre, comme celles des volcans en continuelle activité, mais il ne peut y avoir de tremblement de terre sans éruptions, soit de vapeurs, soit de liquides, soit de matières ignées.

Lorsque le foyer central et les tropiques se furent parallèlement rapprochés de l'équateur, les gaz restés dans l'air des régions polaires passèrent peu à peu à l'état liquide ; et donnèrent naissance à la MER. — Par suite du refroidissement graduel du globe, la mer finit par s'étendre jusqu'à l'équateur ; elle arriva donc à couvrir toute la surface terrestre. Mais à mesure que les matières volcaniques et les débris des premiers êtres organisés s'accumulaient aux pôles et en élevaient la surface, ils chassèrent la mer de ces parages et la refoulèrent vers l'équateur. — Quand les premiers êtres organisés parvinrent à l'équateur, ils en élevèrent la surface par l'accumulation de leurs débris, et la mer se trouva repoussée vers les pôles. — Ce mouvement de flux et de reflux des pôles à l'équateur et de l'équateur aux pôles, s'opéra ainsi quatre fois, comme il est constaté par les quatre couches de terrains stratifiés, sur la dernière desquelles l'homme est né. — C'est pour la dernière fois que la mer retourne de l'équateur aux pôles ; elle n'en reviendra pas, parce que la température polaire actuelle ne permet plus qu'il y naisse de nouvelles races susceptibles de la repousser une nouvelle fois.

L'immense quantité de petites îles et d'archipels qui s'élèvent

des mers tropicales, nous révèle que c'est sur ce point du globe
que les mers sont le moins profondes. — Qu'on examine une
mappemonde; on ne verra pas dans les régions torrides un
grand espace de mers qui ne soit parsemé de rochers, de bancs
de sable, ou d'îles; c'est là, en effet, que se rencontrent les archipels Océaniens et Indiens; c'est là que l'Océan qui sépare
l'Afrique de l'Amérique est le plus rétréci; c'est là que se rencontrent les îles Açores, Madère, Canaries, du Cap-Vert, l'As-
cension, Sainte-Hélène, les seules îles que possède l'Atlanti-
que loin des côtes; est là enfin que se rencontre l'Archipel
des Antilles. — Hors des régions torrides, les îles ne sont plus,
pour ainsi dire, que l'accessoire du continent voisin; des îles
loin des côtes sont des accidents fort rares. Les îles tropicales
sont presque toutes volcaniques.

A mesure qu'on s'avance vers les régions froides, on ne
trouve presque plus que des îles qui sont des continents, et
des continents qui deviennent de moins en moins nombreux à
mesure qu'on approche des pôles. Les voyageurs ont constaté
que les mers deviennent de plus en plus profondes vers le
nord, et que les glaces s'en dégagent à mesure que les eaux s'y
accumulent. — Les eaux qui s'éloignent de l'équateur à mesure
que le sol s'y élève, se rejettent donc vers les pôles, où le sol
s'affaisse en proportion.—Il arrivera donc, à n'en pas douter,
que dans quelques siècles, les terres torrides, sur tout le pour-
tour du globe, ne formeront plus qu'un ou plusieurs continents,
ou tout au moins de grandes îles qui ne seront séparées que
par des mers de peu d'importance; et les terres polaires seront
noyées en raison de ce que les terres tropicales s'élèveront au-
dessus du niveau de la mer.

Après le soulèvement des montagnes, les eaux prirent impul-
sion suivant leurs pentes et coulèrent le long des vallées jusque
dans les bas-fonds, où elles s'accumulèrent; de là les fleuves, les
rivières, les étangs, les lacs. — Les eaux en roulant sur le granite, en entraînèrent tous les fragments qui ne purent résister
à leur choc; toute cette masse pierreuse s'accumula au sein des
mers. — Là, les volcans ne cessèrent de vomir des gaz qui firent des eaux une masse toujours bouillonnante; et autour de
chaque cratère sous-marin certaines molécules pierreuses s'ag-
glomérèrent en vertu de leur attraction corrélative. — Plusieurs
de ces agglomérations, régulières et semblables, s'agglomérè-

rent à leur tour, comme s'étaient agglomérées leurs molécules, suivant le même mode, le même plan, la même loi. — Il se trouva que plusieurs agglomérations semblables de molécules, s'agglomérant entre-elles, formèrent un corps régulièrement organisé, ayant des divisions, des parties, des fibres, dans lesquelles la chaleur pouvait circuler et agir d'une manière régulière et constante; telle fut l'origine du RÈGNE ORGANIQUE.

Au sommet de l'échelle des êtres organisés se trouvent les *Infusoires*, êtres intermédiaires entre le règne inorganique et le règne organique. — Des infusoires naquirent les *zoophytes*, êtres intermédiaires entre le règne végétal et le règne animal. Parmi les zoophytes, les *éponges* furent le passage au règne végétal, et les *polypes* le passage au règne animal. — Des éponges naquirent les végétaux *acotylédonés*, (algues, champignons). — Des polypes naquirent les animaux *mollusques*, (huîtres, limaçons). — Des acotylédonés naquirent les végétaux *monocotylédonés*, (fougères, roseaux, palmiers). — Des mollusques naquirent les animaux *annelés* (sangsues, écrevisses, araignées). — Des monocotylédonés naquirent les végétaux *dicotylédonés* (orangers, vignes, chênes, sapins). — Des annelés naquirent les animaux *vertébrés* (reptiles, oiseaux, poissons, mammifères). — Enfin des animaux vertébrés naquit *l'homme.*

On peut comparer le règne végétal et le règne animal à deux immenses chaînes parallèles sortant de l'infusoire, leur commune source; le premier anneau de la *chaîne végétale* étant antérieur au premier anneau de la *chaîne animale,* le premier anneau de la chaîne végétale est nécessaire à l'existence du premier anneau de la chaîne animale; le premier anneau de la chaîne animale sera nécessaire à l'existence du deuxième anneau de la chaîne végétale, lequel sera necessaire au deuxième anneau de la chaîne animale; celui-ci sera nécessaire au troisième anneau de la chaîne végétale, et ainsi de suite; la chaîne végétale étant toujours d'un anneau en avant sur la chaîne animale. — Il y a non seulement solidarité entre la chaîne végétale et la chaîne animale, il y a encore solidarité entre chaque anneau de la chaîne végétale et chaque anneau parallèle de la chaîne animale. — Il y a réciprocité de services entre le végétal et l'animal; le végétal sert de nourriture à l'animal, et l'animal, à son tour, sert de nourriture au végétal. — L'animal, pour user du végétal, commence par le détruire, et, pour l'approprier à sa substance, il le décompose. Le végétal, pour user de l'animal, attend qu'il périsse, et, à l'aide de ses racines, il puise dans ses débris toutes les matières qu'il peut approprier à sa substance. — Du sang de l'animal, le végétal fait de la sève, comme l'animal fait du sang avec la sève du végétal. — La preuve de la supériorité de l'animal sur le végétal, c'est que l'animal a droit sur le végétal vivant, tandis que le végétal n'a droit que sur l'animal mort.

A l'époque où l'obliquité de l'écliptique était de 90 degrés, c'est-à-dire où le soleil était successivement perpendiculaire à toute la surface du globe d'un pôle à l'autre, le foyer central s'étendait également d'un pôle à l'autre et la température de la terre, à peu près la même aux pôles qu'à l'équateur, était trop élevée pour être habitable. — A mesure que le foyer central se porta, parallèlement au soleil, vers l'équateur, les régions polaires devinrent plus tempérées, et *les premiers êtres organisés naquirent aux pôles*, tandis que les régions équatoriales étaient encore incandescentes. — Ces premiers êtres organisés furent les madrépores, les infusoires, les éponges, les algues, les mollusques, etc., qu'on ne trouve plus à la surface du globe que dans les climats chauds. — C'est donc dans la zone torride que sont confinées les races végétales, animales, et même les races humaines les plus primitives qui existent encore.

A mesure que chaque classe d'êtres organisés se déplaçait, c'est-à-dire à chaque nouvel abaissement de la température du globe, une nouvelle race, de plus en plus parfaite, naissait au nord, et descendait à son tour vers le midi, en conservant son rang dans le grand COURANT DES RACES, des régions polaires aux régions équinoxiales. — Toutes les fois qu'une race est acculée à l'équateur, ne pouvant aller plus loin, elle dépérit, et elle finit par disparaître quand elle manque de la chaleur nécessaire à son existence.

Toute race naît au nord et va mourir au midi. — Toute race tend vers le midi, à mesure que le nord cesse de suffire à ses besoins. — L'homme est soumis à cette immense émigration, comme tous les autres êtres ; ce n'est pas un acte de sa raison qui le pousse vers le midi ; il y est fatalement entraîné par la force de sa nature matérielle, comme la plante, comme l'animal. Son guide dans cette marche est le sentiment du besoin ; il quitte instinctivement un sol qui ne lui offre plus les moyens d'exister, pour aller s'établir sur un autre sol où la vie est abondante. — C'est aussi du nord que sont parties toutes les invasions qui ont renouvelé les peuples ; quand un conquérant a été assez téméraire pour vouloir marcher contrairement au courant des races, du nord au midi, il a marché à sa perte, et son armée à la mort.

Il résulte du refroidissement graduel du globe, que plus nous irons, plus la terre deviendra improductive et inhabitable au nord, et que les peuples de ces contrées seront poussés vers les régions plus hospitalières du midi. — Le nord est donc une perpétuelle menace d'invasion pour le midi. Si chaque peuple du midi, mettant le blocus autour de son territoire, excluait les étrangers de ses frontières, il arriverait fatalement que le nord viendrait, les armes à la main, le contraindre de les lui ouvrir. Les chemins de fer et la facilité des naturalisations rendent les guerres d'invasion impossibles. Le mélange des peuples s'opère pacifiquement ; chaque homme a le droit d'aller s'établir où bon lui semble ; une patrie lui est offerte partout. — La distinction entre les peuples deviendra de plus en plus puérile, à mesure qu'il sera plus loisible à chacun de se faire adopter membre de la société qu'il choisira.

Ce fut dans les régions polaires que l'homme naquit du singe, comme le singe y était né de l'animal qui lui était immédiatement inférieur. — Après plusieurs refroidissements du globe, ce fut au singe à descendre à son tour au midi ; mais avant de partir il laissa au pôle celui qui devait lui succéder, l'homme. — Ce premier homme devait donner naissance à un autre homme plus parfait, qui, après un nouveau refroidissement, pousserait son père vers les climats plus chauds, et s'établirait à sa place, et ainsi, pour toutes les races qui se succéderaient, la dernière née prenant toujours la place de celle qui lui avait donné la vie et qui s'en allait. Le premier homme ne fut que d'un degré supérieur à l'animal dont il était né, il fut noir et poilu et différa peu des singes tels que l'orang-outang et le chimpanzé ; il n'eut guère plus d'intelligence qu'eux.

La disposition des races humaines sur la surface du globe pourrait presque donner le secret de leur généalogie ; les plus anciennes habitent les régions torrides, de même que les plus nouvelles habitent la partie froide des régions tempérées. — De chaque race primitive qui, après avoir rempli sa mission, alla s'éteindre au midi, naquirent une infinité de variétés de races qui restèrent en arrière de la grande caravane d'émigration; puis, obéissant à la loi commune, elles furent chassées vers le midi par un climat de plus en plus insupportable; cependant, avant de suivre le courant des êtres organisés, elles donnèrent naissance à de nouvelles variétés qui leur succédèrent dans le lieu qu'elles venaient d'abandonner. — De même qu'une race donne naissance à une autre race, de même une variété donne naissance à une sous-variété, et ainsi de suite, de sorte que dans les climats du nord il se trouve encore des variétés des races primitives qui y ont habité et qui sont allées mourir au midi.

De même que nous verrons la RAISON donnée à l'homme pour le *progrès*, nous voyons l'INSTINCT donné au végétal et à l'animal pour la *conservation*. — Entre l'animal et le végétal il n'y a qu'un plus ou un moins d'instinct, mais l'instinct existe chez l'un comme chez l'autre; il n'y a rien d'étonnant qu'il y ait une différence d'instinct du végétal à l'animal quand on voit la même différence d'instinct exister entre un animal inférieur et un animal supérieur; on pourrait même dire que le minéral a un instinct inférieur à celui du végétal, quoiqu'il ne se manifeste pas à nos sens, un instinct à *l'état latent*, de même que la matière, pendant toute cette période de la formation de l'univers, possède l'esprit à l'état latent.

L'instinct de l'animal est une dérivation de l'esprit, dérivation inférieure à l'âme libre et morale que nous verrons se manifester dans l'homme, mais il n'en a pas moins, comme l'âme, l'esprit pour source. — L'instinct du végétal comme celui de l'animal, l'instinct du minéral comme celui du végétal, sont également des dérivations de l'esprit, mais des dérivations de moins en moins morales et libres à mesure qu'elles se manifestent moins. — Ce qui nous montre le mieux que l'instinct a sa source dans l'esprit, c'est que dans l'homme l'instinct diminue à mesure que la raison augmente; l'instinct est absorbé par l'âme.

L'homme est le plus perfectible de tous les êtres, parce que lui seul est susceptible de se perfectionner sans le secours d'aucun agent extérieur. — L'homme est composé d'un corps, élément susceptible d'être perfectionné, et d'une âme, élément susceptible de perfectionner. Pour marcher dans le progrès vers la perfectibilité indéfinie, l'homme n'a qu'à faire agir son âme sur son corps.

Ce qui manque à l'animal pour être l'égal de l'homme en perfectibilité, c'est d'avoir comme lui, une âme, se manifestant librement, capable de perfectionner son corps. — L'homme dont on aura fait l'éducation, pourra transmettre à ses semblables ce qu'il aura appris, tandis que l'animal ne pourra rien transmettre de ce qu'il sait. — L'homme est perfectionné par l'homme, tandis que l'animal ne pouvant être perfectionné par l'animal, a besoin de l'homme pour faire son éducation. Il manque à l'animal la faculté morale, qui consiste à transmettre aux autres le progrès qu'on a fait. — L'homme est supérieur à l'animal de toute la hauteur qui sépare la raison de l'instinct, la raison du progrès, la liberté de la fatalité, le moral du matériel.

LE SOCIALISME DES HOMMES.

La chose la plus positive qu'on puisse affirmer, c'est que l'immobilité n'existe pas dans l'univers, non plus dans le monde moral que dans le monde matériel; la meilleure preuve qu'on puisse en donner, c'est qu'il n'y a pas d'homme, à quelque religion, à quelque secte, à quelque école qu'il appartienne, qui n'admette le progrès, seulement chacun l'admet à sa manière. Il y a, selon les diverses doctrines, deux espèces principales de progrès: *le progrès en avant*, et *le progrès en arrière*. — Le progrès en avant, c'est celui qui prend l'homme à son plus haut degré d'imperfection, au moment où il naît du plus parfait des animaux, pour le conduire par une série incessante d'améliorations, vers une perfection indéfinie et toujours croissante; c'est le dogme de la réhabilitation de l'humanité; c'est celui qui, pour parler comme les chrétiens, prend l'homme à l'Enfer pour le conduire au Paradis. — Le progrès en arrière, c'est le dogme très peu consolant qui a été celui de toutes les religions, et qui consiste à prendre l'homme dans un état de béatitude complète pour le conduire à travers une épouvantable série de calamités, jusqu'à un abîme de misères et de perdition; c'est le dogme de la déchéance humaine, qui prend l'homme dans la condition d'un Dieu, pour le réduire à la condition d'un animal. qui, enfin, prend l'homme au Paradis, pour le conduire à l'Enfer.

Cette théorie de la dégénérescence est fondée sur un effet de la nature humaine. Un vieillard est-il appelé à comparer l'époque actuelle avec l'époque de sa jeunesse, il est certain que. pour lui, autrefois l'emportera de beaucoup sur aujourd'hui, il est certain que son souvenir lui fera voir en beau au passé ce qu'il ne voit plus qu'en laid au présent; ainsi les femmes autrefois auront été inévitablement plus belles et plus tendres qu'aujourd'hui, parce qu'autrefois il avait de l'amour à leur donner; les hommes auront été moins pervers, les saisons plus belles, les fruits plus délicieux, les mets plus succulents, etc, etc. —

On est toujours porté à attribuer à ce qui nous entoure les variations qui ne se sont opérées qu'en nous, et cette dégénérescence qu'a subie le vieillard, il la rejette sur la nature. — Que l'on applique ces idées du vieillard à l'humanité tout entière, on verra qu'à mesure qu'elle avance en âge, elle met son beau temps derrière elle, et que remontant ainsi, de proche en proche, jusqu'où finit la tradition et commence l'époque historique, elle placera là son âge d'or, son paradis terrestre. — C'est ce qui est arrivé pour les chrétiens comme pour les païens; c'est ce qui arrivera pour toute société qui mettra une fausse appréciation à la place de la loi positive de la nature.

Tout homme qui admet l'existence d'une époque antérieure où l'humanité ait vécu parfaitement heureuse, soit qu'il l'appelle *âge d'or* ou *Paradis terrestre*, admet la doctrine du progrès en arrière, croit à l'abaissement progressif de l'humanité, et refuse aux hommes jusqu'à l'espérance d'un soulagement à leurs misères.

Quant à savoir si les premiers hommes ont pu naître, il y a 6.000 ans de cela, entre le Tigre et l'Euphrate, comme les juifs et les chrétiens y font créer Adam et Eve, c'est une question facile à résoudre. — Nous avons dit que les premiers hommes étaient nés des animaux aux pôles et que par leur corps et leur intelligence, ils ressemblaient beaucoup plus à ces animaux qu'aux hommes tels que nous les connaissons aujourd'hui ; or, qu'on compare les régions où vécurent Adam et Eve avec celles où vécurent les premiers hommes, qu'on rapproche le type que la Genèse donne à Adam et à Eve de celui qu'eurent nos premiers hommes, et l'on verra que toute cette histoire de la création est non seulement une fable, mais encore une fable ridicule.

Le corps humain ne se forme pas autrement que tous les corps de l'Univers ; comme le végétal, comme l'animal, il se forme par l'adjonction de parties hétérogènes tranformées en parties assimilables. — Comme tous les corps aussi, il perd sans cesse de ses parties ; et pour se conserver, il a besoin de les remplacer sans cesse par de nouvelle parties. — Il est confirmé par la science, qu'après une intervalle de sept ans, un corps humain ne possède plus une parcelle de la matière qui le composait sept ans auparavant. — Il suit de là que la vie du corps n'est qu'une série de transformations. — L'homme naît d'un germe déposé par le mâle dans le sein de la femelle ; ce germe attire à lui une partie des alimens que prend la femelle pour se nourrir, elle et son germe. Grossi par l'adjonction continuelle des aliments qu'il a reçus, il se façonne et se grossit peu à peu. Le germe devient embryon ; l'embryon devient fœtus , le fœtus devient enfant et naît. — La mère lui donne ensuite la nourriture directement. — Le germe que l'homme dépose dans le sein de la femme, n'est pas autre chose que le produit d'aliments assimilés par l'homme, puis transformés en une semence propre à féconder la femme.

Comme l'esprit existe dans la matière, il existe dans ces aliments qui forment un germe, un embryon, un fœtus, un enfant ; seulement il y existe à l'état latent, tant que le corps de l'enfant n'est pas assez développé, tant qu'il n'a pas les organes assez vigoureux pour manifester les décisions de l'esprit.

L'humanité eut son enfance ; elle dura l'âge pendant lequel vécurent les premiers hommes. De même, chaque homme a son enfance ; elle dure pendant toute la première période de sa vie. — Les premiers hommes étaient aux hommes d'aujourd'hui ce qu'un enfant est à un homme fait. Pendant l'enfance, l'homme, comme l'humanité, vit plus de la vie matérielle que de la vie morale ; son corps s'assimile beaucoup plus de parties qu'il n'en perd ; là est le secret de son développement rapide pendant cette période. — L'enfant a pour le guider dans l'exercice de sa vie matérielle, l'instinct, qui veille fatalement à sa conservation.

La vie matérielle dans l'enfant se manifeste avant la vie morale ; cette dernière y est latente aussi longtemps que l'esprit. L'esprit ne se développant qu'après le corps, la vie morale, qui est la vie de l'esprit, ne se développe qu'après la vie matérielle, qui est la vie du corps.

Toute fonction qui a des organes spéciaux, matériels et sensibles dans l'économie du corps humain, appartient à la vie matérielle. — Chaque fonction de la vie matérielle naît l'une après l'autre, et, pour ainsi dire, l'une de l'autre, par ordre d'utilité. — L'homme matériel naît avec tous les organes ou instruments, au moins rudimentaires, avec lesquels il accomplira toutes ses fonctions animales. — Il use d'instinct, et à l'instant même, de ceux de ses organes qui sont indispensables à sa conservation présente, tels que ceux de la nutrition, qui lui sont indispensables à toutes les époques de son existence. Pour user de la nutrition, l'enfant n'a pas d'apprentissage à faire ; le *besoin* est son seul mobile, la *fatalité*, son seul guide, et l'instinct, sa seule loi. — Aussitôt né, l'enfant reçoit la nourriture et l'absorbe, comme si c'était pour lui affaire d'habitude.

Les fonctions de CONSERVATION de la vie matérielle sont de deux sortes : l'*alimentation* et la *protection*. — Les sens, qui sont les intruments de la conservation, se rapportent à l'une ou à l'autre de ces fonctions. — La conservation par l'alimentation est antérieure chez l'enfant à la conservation par la protection ; en effet, le premier acte de l'enfant, c'est de manger ; la protection lui serait aussi nécessaire que l'alimentation, si la nature ne lui avait donné une mère chargée de veiller sur lui et de l'abriter contre les périls extérieurs ; les sens qui se rapportent à l'alimentation, opèrent donc avant ceux qui se rapportent à la protection. — Les sens qui se rapportent à l'alimentation, sont le *goût* et *l'odorat* ; ils ont pour objet de distinguer les aliments qui sont sympathiques au corps d'avec ceux qui lui sont antipathiques. Les sens qui se rapportent à la protection, sont la *vue*, *l'ouïe* et le *tact* ; ils ont pour objet de faire éviter au corps les dangers extérieurs dont il serait menacé. — Les sens de l'alimentation sont la sentinelle opposée aux ennemis intérieurs, comme les sens de la protection sont la sentinelle opposée aux ennemis extérieurs.

L'enfant a, dès ses premiers jours, un langage naturel qui lui permet de se faire comprendre ; comme ses besoins sont très peu variés, son langage est très peu développé : il pleure pour avertir de son malaise. — Son langage se complique à mesure que ses besoins grandissent ; les pleurs sont son premier langage, le rire est le second. Viennent ensuite les gestes, les cris plus ou moins bien accentués, et enfin le langage artificiel, qui, lorsque l'enfant devient homme, remplace le langage naturel.

Aux deux bouts de la vie se trouvent la naissance et la mort, et dans cet intervalle trois âges : 1° un âge de développement, l'enfance, dans lequel on acquiert plus qu'on ne perd ; 2° un âge de puissance, la maturité, dans lequel on acquiert autant qu'on perd ; 3° un âge de décadence, la vieillesse, dans lequel on acquiert moins qu'on ne perd. — Dans l'enfance on aspire à être ; dans la maturité on est ; dans la vieillesse on se souvient d'avoir été. Il n'y a que dans la période de la maturité qu'on trouve l'homme complet, l'homme ayant atteint son entier développement, l'homme capable de produire et de jouir. — Il faut remarquer que tout âge est un progrès sur l'âge précédent, que la vieillesse elle-même est un progrès, parce que l'homme ne tombe en décroissement que lorsqu'il a produit un résultat, c'est-à-dire un progrès, lequel progrès se manifeste par la production d'un homme plus parfait.

Il n'y a décadence chez l'homme que le jour où il est épuisé physiquement et moralement, que le jour où il est incapable de rien donner et de rien faire. — Quand la viduité se remarque chez un individu, c'est un signe auquel on peut reconnaître qu'il approche de son terme, et que la vie se retire de lui.

L'homme a une âme aussitôt qu'un corps, mais les propriétés morales de son âme demeurant, pendant l'enfance, à l'état latent, les propriétés instinctives seules se manifestent. — Le développement de l'instinct chez l'homme est primordial au développement de la conscience, parce que, l'instinct étant l'agent de la conservation, et la conscience l'agent du progrès, la conservation précède toujours le progrès. — La conservation étant la condition du progrès, l'instinct est la condition de la conscience, de même que le corps est la condition de l'âme ; il faut que la condition matérielle soit remplie pour que le résultat moral existe.

Tout progrès a une amélioration matérielle pour manifestation ; et il faut des organes matériels pour recueillir les fruits d'une amélioration matérielle ; il suit de là qu'avant d'être susceptible de progrès, il faut avoir les organes matériels développés. — On doit conclure de là que les facultés de l'âme se développent en raison proportionnelle des fonctions du corps.

Si l'homme a des facultés morales auprès de ses fonctions matérielles, c'est pour qu'il en obtienne des résultats moraux parallèles et corrélatifs aux résultats matériels qu'il obtient du fonctionnement de ses organes. — Si l'homme eût toujours vécu isolé, il n'aurait vécu que de la moitié de sa vie; il n'eût pu qu'exercer ses fonctions matérielles et jamais ses facultés morales; il eût manqué son but, qui est le progrès. — De ce que l'homme a des facultés morales auprès de ses fonctions matérielles, il faut conclure que l'homme est **né** pour la vie morale; il suit qu'il est **né** pour le droit et le devoir, et il ne peut être né pour le droit et le devoir sans être né pour la vie en société.

L'univers a pour but la *perfectibilité indéfinie*; le moyen d'arriver à la perfectibilité indéfinie est le *progrès infini*, c'est le but de l'humanité; le moyen du progrès infini, est *produire*, produire c'est le but de l'homme; le moyen de produire c'est *jouir*, jouir est le but de toute action humaine.

La perfectibilité indéfinie se compose de tous les résultats que le progrès infini a fait naître par une immense suite de transformations. — Le progrès se compose de toute la série des produits naissant les uns des autres, se transformant sans cesse et s'améliorant à mesure qu'ils se transforment. — Produire ce n'est pas créer, c'est transformer, c'est donner une forme nouvelle et, par conséquent, meilleure, à ce qui existait sous une autre forme; en un mot, produire, c'est trouver l'idéal, soit moral, soit matériel. — Jouir, c'est l'attraction de l'homme vers la chose qui lui est corrélative, c'est le sentiment qui le porte à produire.

Ainsi, jouir porte à produire; produire est un degré du progrès infini, et le progrès est l'échelle de la perfectibilité indéfinie. — Produire et jouir, pour l'homme, c'est vivre de la vie intégrale, c'est exercer ses facultés morales et ses fonctions matérielles.

La *vie matérielle* comprend tout ce qui résulte du fonctionnement de quelque organe spécial, matériel et sensible du corps humain, tout ce qui a pour but la conservation de l'individu, tout ce qui a trait à la satisfaction de ses besoins corporels, tout ce qui est commun à toutes les races les moins avancées, aux sauvages des déserts les plus reculés, enfin tout ce qui dans les actes humains a des rapports avec les actes des animaux les plus élevés dans l'échelle zoologique. — De là il résulte que les peuples, quels qu'ils soient, en quelques lieux qu'ils habitent, ont tous un côté par lequel ils se ressemblent, c'est celui de la vie matérielle ; et la vie matérielle, c'est la conservation. — Si les hommes se ressemblent tous par la vie matérielle, c'est que dans cette vie tout est fatal, ils n'ont pas le choix, ils n'ont pas la liberté.

Si les hommes diffèrent entre eux, ce n'est que dans ce qui est de la *vie morale*, car dans cette vie il n'y a plus rien de fatal, les hommes ont le choix, ils sont libres. — Si tous les hommes exercent leurs fonctions matérielles d'après une seule loi, la même partout, celle de la fatalité, c'est donc que les actes matériels qui résultent de ces fonctions, sont nécessaires, indispensables à tous les hommes. Si tous les hommes exercent diversement leurs facultés morales, dans la liberté, selon une multitude de lois et leur font produire une infinité d'actes, différents, c'est donc que les actes moraux ne sont pas indispensables à la conservation, mais seulement utiles dans le but du progrès. — Ce qui résulte donc de la fatalité de la vie matérielle, c'est le *nécessaire*, tandis que ce qui résulte de la liberté de la vie morale, c'est *l'utile*.

Tout animal qui agit, fait œuvre de conservation. Tout homme qui agit, fait œuvre de conservation ou de progrès. L'œuvre de conservation imposée à l'homme ne devrait pas exclure l'œuvre de progrès. — L'homme qui travaille machinalement, qui reproduit un modèle donné sans y apporter de changement ou d'amélioration, fait un travail de conservation, un travail brut semblable à celui que fait l'animal, qui agit selon son instinct ; il ne fait rien qui demande l'emploi de son intelligence ; il répète ce qui est ; il ne progresse pas, il ne fait que conserver.

Entre le travail de progrès et le travail de conservation, c'est-à-dire entre un résultat qui possède un perfectionnement de plus que son principe, et un résultat matériel qui ne possède rien de plus que son principe matériel, il y a la différence qui existe entre l'esprit et la matière, la liberté et la fatalité, l'intelligence et l'instinct, l'*idéal* et le *réel*. — L'idéal est produit par l'intervention de la vie morale dans la vie matérielle ;

l'homme, ayant seul la vie morale, est seul capable d'idéal. Il y a deux sortes d'idéal : l'idéal matériel et l'idéal moral; l'idéal matériel, c'est *le beau*, l'idéal moral, c'est *le vrai*. — Prendre un fait matériel, y ajouter un perfectionnement qui en fasse un fait matériel supérieur à ce qu'il était avant d'avoir été perfectionné, c'est produire le beau, c'est atteindre l'idéal matériel. — Prendre un fait moral comme principe, en faire découler par la logique, une conséquence naturelle et directe qui n'existait pas auparavant, c'est produire le vrai, c'est atteindre l'idéal moral. — Tout ce qui existe est susceptible d'idéal, parce que tout est susceptible de progrès, mais c'est à l'homme seul qu'il appartient de le produire; mais l'homme qui ne fait que répéter ce qui est, comme l'abeille ou le castor, et qui ne se donne pas pour but un idéal de perfectionnement, fait la besogne d'une machine, et manque à sa mission d'être moral et intelligent. L'homme, en appliquant la matière à la satisfaction de ses besoins, en trouve l'idéal, parce qu'il lui fait manifester des qualités qu'elle ne possédait auparavant qu'à l'état latent.

Le corps et l'âme sont ensemble dans la plus étroite corrélation et dans le parallélisme le plus complet; l'un et l'autre sont d'un égal poids dans la balance de la vie intégrale de l'homme, et ils lui apportent un tribut égal; le corps et l'âme étant corrélatifs et parallèles, sont régis par des lois corrélatives et parallèles. — De même que notre corps s'assimile sans cesse de nouvelles parties matérielles, de même notre âme s'assimile sans cesse de nouvelles parties morales. — *L'estomac* est l'organe matériel de l'assimilation des aliments matériels, et *manger* est l'acte de l'assimilation de ces aliments. — *La mémoire* est l'organe moral de l'assimilation de la science, qui est l'aliment moral, et *apprendre* est l'acte par lequel s'accomplit cette assimilation.

De même que l'estomac est le premier organe matériel qui fonctionne dans la vie du corps, de même la mémoire est le premier organe moral qui fonctionne dans la vie de l'âme; et la mémoire a, pour sentinelle avancée, le *goût moral* (une des formes du *jugement*) destiné à la mettre en garde contre les aliments moraux qui lui seraient antipathiques, comme l'estomac a, pour sentinelle avancée, le *goût matériel* (un des *sens*) qui palpe la saveur des corps avant qu'ils n'aient reçu leur *permis d'entrer*.

Il résulte de là que non seulement la vie matérielle est corrélative à la vie morale, mais encore que chacune des fonctions de la vie matérielle a pour corrélatif chacune des facultés de la vie morale. — Pour la vie matérielle, *manger* est à *l'estomac* ce que les *sens* sont à *sentir*, ce que les *organes de la génération* sont à *se reproduire*. — Pour la vie morale, *apprendre* est à la *mémoire* ce que *comprendre* est à *l'intelligence*, ce que *produire* est à *l'imagination*.

Manger, sentir, se reproduire, actes de la vie matérielle, se font sous la pression de *l'instinct*, qui pousse sans cesse et ne laisse pas la désobéissance impunie. — Apprendre, comprendre, produire, acte de la vie morale, s'accomplissent sous l'action de la *conscience*, qui laisse toujours la liberté d'obéir ou de désobéir.

La *conscience* est l'arbitre du monde moral, comme *l'instinct* est l'arbitre du monde matériel. De même que l'instinct est dominé par le *besoin* matériel ou *besoin* de conservation, de même la conscience est dominée par le *besoin* moral ou *besoin* de progrès; le besoin de *progrès* c'est *l'attraction* morale, comme le besoin de *conservation* est *l'attraction* matérielle. — L'instinct a besoin d'un instrument matériel pour agir sur le monde matériel; cet instrument est *le toucher* ou *les sens*; de même, la conscience pour agir sur le monde moral, a besoin d'un instrument moral, cet instrument c'est le *jugement*.

Les *sens* ou *le toucher* sont le jugement de la vie matérielle, c'est l'organe de la conservation, l'instrument à l'aide duquel l'instinct se fait obéir. — Le verbe *toucher* est l'actif dont le verbe *sentir* est le passif; *le toucher* comprend les cinq sens, c'est-à-dire que le goût, l'odorat, la vue, l'ouïe et le tact ne sont que cinq formes du toucher. — Ainsi le goût est le toucher qui palpe les saveurs; l'odorat, le toucher qui palpe les odeurs; la vue, le toucher qui palpe les formes; l'ouïe, le toucher qui palpe les sons; le tact, le toucher qui palpe la consistance. — *Le toucher* est corrélatif à la matière susceptible *d'être touchée*, c'est-à-dire que le *toucher général* se divise en autant de *touchers partiels* qu'il y a d'aspects différents sous lesquels les corps matériels peuvent être considérés.

Le *jugement* est à la conscience ce que le *toucher* est à l'instinct; le jugement pèse les faits de la vie morale comme le toucher pèse ceux de la vie matérielle. — Le jugement doit se subdiviser comme le toucher, si les faits moraux qui lui sont soumis, peuvent comme les faits matériels, être considérés sous plusieurs aspects différens ; le jugement doit se subdiviser en autant de *sens moraux* qu'il y a d'aspects différents dans les faits moraux.

Lorsque la conscience a prononcé sur les faits pesés par le jugement, la *volonté* agit ; c'est l'intermédiaire entre la conscience et les sens. La volonté est donc une faculté morale dans son principe, qui est la conscience, et matérielle dans ses effets, qui sont les sens. — La *nécessité* est à l'instinct, ce que la *volonté* est à la conscience ; la nécessité reçoit ses ordres de l'instinct, et les transmet aux organes, qui exécutent. — De même que la volonté est un résultat de la vie morale et que, par conséquent, elle est libre ; de même, la nécessité est un résultat de la vie matérielle, et par conséquent, elle est fatale.

La première des facultés qui se manifeste chez l'enfant, est la *mémoire* ; il n'est pas nécessaire que l'enfant comprenne pour qu'il se souvienne ; vient ensuite l'*intelligence* ; elle se manifeste dans la comparaison de deux faits recueillis par la mémoire et donne naissance à la pensée. Après avoir pensé, l'homme compare ; la faculté qui naît de ce fait, est le *jugement* ; la *conscience* prononce, et la *volonté* fait exécuter par les organes les décisions de la conscience. — On pourrait presque dire que la vie morale est la théorie dont la vie matérielle est la pratique.

On s'est beaucoup préoccupé de la question de l'ORIGINE DES IDÉES, on a beaucoup écrit, beaucoup disserté sur le point de savoir si elles sont innées ou si elles sont nées. Tous ces travaux n'ont fait qu'embrouiller la question au lieu de la résoudre.

Qu'est-ce que l'*idée ?* — C'est la connaissance qu'on peut acquérir d'un fait. — L'idée ou connaissance d'un fait reste attachée à ce fait, jusqu'à ce que la faculté de l'âme qui est destinée à la percevoir, vienne la détacher, la recueillir et se l'assimiler. — La faculté de l'âme destinée à percevoir l'idée ou connaissance, c'est la *mémoire*. Il en est de l'idée, qui est l'aliment moral, comme des substances, qui sont les aliments matériels. La *mémoire* est à *l'idée* ce que *l'estomac* est à la *nourriture* ; l'idée n'a pas plus d'homogénéité avec la mémoire que la nourriture n'en a avec l'estomac, et il y a entre l'idée et la mémoire les mêmes rapports qu'entre la nourriture et l'estomac. — L'idée n'existait pas avant qu'une mémoire ne l'eût transformée en un fait moral capable d'être perçu, de même que l'aliment n'existait pas avant qu'un estomac ne l'eût transformé en une substance nutritive capable d'être digérée. L'objet seul de l'idée existait antérieurement et en dehors de toute espèce de faculté de l'âme ; si la mémoire ne se fût trouvée là pour détacher l'idée de son objet, l'idée n'aurait pas existé pour nous. — L'idée suppose donc toujours un objet de l'idée, antérieur à l'idée ; elle suppose une faculté morale qui puisse détacher l'idée de son objet et se l'approprier ; et, de plus, elle suppose la mise en rapport de la mémoire avec l'objet de l'idée. — Il suit de là que l'idée n'est pas un principe, puisqu'elle n'est que la conséquence des rapports de la mémoire avec l'objet de l'idée ; par conséquent, il n'y a pas d'idée innée, d'idée révélée, d'idée primordiale, d'idée fatale, puisque toute idée suppose un objet de l'idée matériel et sensible, antérieur à l'idée.

La vie morale ne s'exerce pas au moyen d'un organe particulier et spécial ; elle est, pour ainsi dire, le produit de la somme totale des fonctions de la vie matérielle la plus complète et la plus parfaite qui existe dans un être organisé. — La propriété morale est une propriété nouvelle ajoutée à l'organisme le plus parfait et le plus complet, c'est-à-dire à celui qui ayant le plus de besoins, est capable de rendre le plus de services. La vie morale est le résumé de toutes les propriétés de la vie matérielle avec une propriété de plus. — Si l'homme n'avait pas la vie morale, il ne serait pas sensiblement supérieur à l'être organisé qui occupe le plus haut degré dans l'échelle zoologique. — Comme les facultés morales ne s'exercent pas au moyen d'organes matériels, il n'est pas nécessaire que l'homme, pour être doué de la vie morale, possède des organes spéciaux que n'ait pas l'animal ; il est seulement nécessaire que tous les organes de la vie matérielle de l'homme soient plus complets et plus parfaits, c'est-à-dire qu'ils fonctionnent avec plus de précision que ceux de l'animal.

L'animal qui possède les organes les plus parfaits et qui n'a pas la qualité d'être moral, a, au plus haut degré, la vie matérielle, c'est-à-dire que, s'il n'a pas la raison, il a l'instinct le plus développé. Quand l'animal supérieur eut donné naissance à l'homme, quand cet homme naquit à la vie morale, c'est-à-dire quand il fut capable de raison, son instinct diminua à mesure que sa raison grandit; ce qui revient à dire que plus l'homme se moralise, plus le progrès absorbe la conservation, plus la liberté absorbe la fatalité.

Un être qui serait isolé, c'est-à-dire qui n'aurait pas, parallèlement à lui dans l'Univers, un autre être d'une nature diamétralement opposée pour lui servir de corrélatif, serait une anomalie, et n'ayant pas de raison d'être, il ne pourrait exister. — Tous les êtres sont donc accouplés deux à deux, selon qu'ils sont corrélatifs et parallèles entre eux. — Le besoin de parallésisme et de corrélativité entre les êtres de nature opposée, est le principe de l'*attraction*. — L'attraction c'est le besoin qu'a chaque être de se compléter de son corrélatif, de s'accoupler avec l'être pour lequel il a de la sympathie, de s'unir avec ce qui lui manque pour former un tout, pour vivre de la vie intégrale, pour accomplir sa destinée, en un mot pour produire.

La satisfaction du besoin qu'a chaque être de se compléter de son corrélatif, c'est le cours régulier des choses, c'est le BIEN; le bien étant le cours régulier des choses, le bien c'est le positif, c'est la règle générale, c'est la nature, enfin. — Il suit de là que le MAL est la négation de la nature, la déviation au cours régulier des choses; c'est l'exception à la règle générale, c'est l'absence du bien.

Il existe entre les deux sexes une *sympathie matérielle* ou attraction qui sollicite l'homme vers la femme et la femme vers l'homme, c'est ce qu'on appelle *amour*; l'amour, résultat de l'attraction des deux sexes corrélatifs, est donc le bien matériel; l'amour a pour but la reproduction humaine. — De même, il existe d'homme à homme ou d'homme à femme une *sympathie morale* qui les sollicite à la production morale; c'est ce qu'on appelle *amitié*. — Résultat de l'attraction de deux caractères corrélatifs et faits pour agir de concert, l'amitié est le bien moral.

Il y a MALADIE, c'est-à-dire déviation au cours régulier des choses, toutes les fois qu'un être ne peut se compléter de son corrélatif, toutes les fois qu'il ne peut s'accoupler par l'attraction avec l'être qui lui est sympathique; toute maladie a donc pour cause la non satisfaction d'une sympathie, lorsque l'attraction est mise dans l'impossibité de s'excercer entre deux corrélatifs. — Toute maladie a près d'elle son *remède*. Le remède à chaque maladie est précisément l'objet de cette maladie : l'être sympathique dont a besoin le malade, la chose qui lui manque pour être bien. Le remède existe partout où est le mal ; il appartient à l'homme de le découvrir.

Tous les hommes meurent ou après avoir accompli leur destinée, c'est la *mort naturelle*, ou avant d'avoir accompli leur destinée, c'est la *mort accidentelle*. — L'homme a accompli sa destinée lorsqu'il a produit tout ce qu'il devait produire matériellement et moralement, lorsqu'il a progressé. Ayant alors achevé son œuvre, il décline de jour en jour, dépérit et meurt. La mort de vieillesse, c'est la mort naturelle, la mort sans souffrances, la seule mort par laquelle devrait se terminer la carrière terrestre de l'homme ; elle est, pour ainsi dire, la récompense de celui qui a toujours vécu selon la loi de la nature. — L'homme n'accomplit pas sa destinée, lorsqu'il meurt avant d'avoir produit tout ce qu'il devait produire, lorsqu'il ne se conserve pas assez pour progresser de tout le progrès qu'il était appelé à réaliser. La mort prématurée qui le frappe dans sa jeunesse, est la conséquence d'une dérogation à quelqu'une des lois de la nature, soit que cette dérogation vienne de son fait ou du fait d'autrui. — Mourir après avoir accompli sa destinée, c'est la mort naturelle, c'est le bien. Mourir avant d'avoir accompli sa destinée, c'est la mort accidentelle, c'est le mal.

La mort n'est pas l'anéantissement, car ni l'esprit ni la matière ne peuvent être anéantis ; c'est la destruction d'une forme, c'est la transformation complète de l'individu. — La transformation de l'individu n'a pas seulement lieu à l'époque de la mort ; pendant toute la vie, l'homme est soumis à une suite de transformations partielles, c'est-à-dire à une suite de *morts partielles* pour les parties qui se détachent de lui, en attendant la *mort totale*, c'est-à-dire la transformation complète de son individu. — La vie peut nous servir à expliquer la mort, car la *mort* est le nom donné au dernier anneau de la chaîne de la vie, comme la *naissance* est le nom donné au premier. Dans la suite des transformations humaines, de même qu'il y a *mort partielle* toutes les fois qu'une partie se détache de l'individu, de même, il y a *naissance partielle* toutes les fois qu'une nouvelle partie s'ajoute à l'individu.

L'expérience démontre que le corps humain perd constamment de ses propres molécules pour les remplacer par des molécules étrangères, de sorte que tous les sept ans environ, il est entièrement renouvelé. Cette succession de molécules accuse une série de compositions et de décompositions particulières, c'est-à-dire une série de transformations partielles, dont l'effet général est une composition et une décomposition totales, c'est-à-dire une transformation complète; mais ces compositions et décompositions s'opèrent plus ou moins activement suivant l'âge de l'individu : ainsi le fœtus humain s'assimile presque toute la substance gélatineuse de l'amnios et ne perd presque pas de ses molécules; l'enfant acquiert beaucoup plus qu'il ne perd; le jeune homme acquiert un peu plus qu'il ne perd; l'homme mûr acquiert autant qu'il perd; l'homme à son déclin acquiert moins qu'il ne perd; enfin, le vieillard acquiert de moins en moins et perd de plus en plus, jusqu'à ce qu'étant entièrement privé de la faculté de remplacer les molécules qu'il perd, il s'éteint peu à peu, comme une lampe dont l'huile tarie n'aurait pas été remplacée. — Ainsi, à tous les instans de la vie, l'organisme humain est le résultat d'une double série de transformations, l'une *active* et l'autre *passive*, c'est-à-dire, l'une *d'organisation* et l'autre de *désorganisation*. En général, LA VIE pourrait donc se définir : *la faculté de se transformer*, et LA MORT : *la faculté d'être transformé*.

Voilà pour LE CORPS! — En est-il de même pour l'AME; en d'autres termes, l'âme est-elle soumise, comme le corps, à cette double série de transformations? — Nous n'hésitons pas à le reconnaître et à le proclamer. Oui, l'âme humaine subit parallèlement toutes les phases auxquelles est soumis le corps humain. L'âme, comme le corps, n'a t-elle pas son enfance, son âge mûr, sa vieillesse? L'âme, comme le corps, peut donc *acquérir* et *perdre?* — Or, comme nous l'avons vu, ces deux mots : acquérir et perdre, c'est toute la transformation. — L'âme se compose et se décompose donc comme le corps, et parallèlement à lui.

Ceux qui croient à l'immortalité de l'âme admettent cependant que l'âme a commencé et qu'elle se développe. — Or, un être peut-il être fini par un bout et infini par l'autre, peut-il acquérir des forces sans dépenser une partie de celles qu'il possède? — Non, parce qu'un pareil être prendrait toujours sur

les autres sans jamais rien leur rendre ; non, parce qu'un pareil
être, étant supposé immortel, absorberait de plus en plus en lui
tous les autres êtres ; il s'ensuit que supposer la possibilité
d'un pareil être, c'est conclure à l'anéantissement de tous les
autres. — Il est vrai que pour parer à cet inconvénient, ces
mêmes philosophes admettent que l'âme reste ce qu'elle est au
moment de la mort. Ils pensent sans doute que ce *statu quo*
pour l'éternité, cette immobilité indéfinie est plus digne du but
de l'univers. — Libre à eux. — Pour nous, nous pensons que
l'âme perd son identité, et se détruit comme *âme*, pour ne plus
subsister que comme *esprit*, de même que le corps se détruit
comme *corps* pour ne plus subsister que comme *matière*, et
que les éléments constitutifs de l'homme de notre planète entrent dans la constitution de l'homme immédiatement supérieur, lorsqu'ils ont atteint un degré assez élevé de perfection.
— Ce passage des éléments humains (aussi bien des éléments
matériels que des éléments moraux) dans une sphère supérieure, n'est que le résultat de l'attraction qui existe entre les
corrélatifs. — Partout où il y a attraction, il y a transformation ;
et, réciproquement, partout où il y a transformation, il y a
attraction. — Ces deux lois sont donc corrélatives entre elles ;
nous pouvons même dire qu'elles ne forment qu'une grande loi
générale : LA LOI DU PROGRÈS, car l'attraction est le moyen de la
transformation, et la transformation est le moyen du progrès.

LE SOCIALISME DES SOCIÉTÉS.

Nous en sommes toujours à l'étude de l'HOMME ; seulement,
après l'avoir considéré dans ses rapports avec lui-même, nous
le considèrerons dans ses rapports avec les autres hommes ;
après avoir étudié l'homme individuel, c'est à dire *personnel*,
nous étudierons l'homme collectif, c'est à dire *social*.
De tout ce qui précède il résulte que l'*immobilité* n'existe pas,
que le *progrès* seul existe, et que, de transformation en transformation, il marche sans cesse vers la *perfectibilité indéfinie*. —

Si tout est soumis dans l'univers à cette grande loi du progrès, les hommes et les sociétés, pas plus que le reste des êtres, ne sauraient s'y soustraire. Et si toutes les institutions qui régissent les sociétés, sont basées sur le principe de l'immobilité, qui est le principe opposé au progrès, il s'ensuit que les institutions humaines sont toutes anti-naturelles, déplorables et funestes, et qu'elles ne peuvent faire que le malheur de ceux qui sont régis par elles. Et si les institutions sont contraires à la nature, on ne doit pas seulement les modifier, les réformer, on doit les remplacer par d'autres institutions absolument contraires, basées sur la loi du progrès, qui est celle de la nature. — IL FAUT REFAIRE LA SOCIÉTÉ DE TOUTES PIÈCES, disait Diderot, et il avait raison.

La rénovation de la société peut se faire pacifiquement, mais ce ne sera que lorsque la très grande majorité des hommes parlera comme Diderot et agira en conséquence. Hâtons-nous donc de nous instruire pour éviter que le branle-bas des révolutions ne vienne encore une fois nous arracher à notre léthargie morale, dont le réveil est aussi terrible que les songes en sont dorés.

Une *révolution* est pour la société ce qu'une maladie est pour l'individu; la révolution qui aboutit régénère la société de même que la maladie qui aboutit régénère le malade; mais la révolution qui ne parcourt pas toutes ses phases, emporte la société, de même que la maladie qui ne parcourt pas toutes ses phases, emporte le malade. — Quand les idées ont le pas sur les faits, vient un mouvement en avant qui met les faits de pair avec les idées; c'est ce mouvement qu'on nomme RÉVOLUTION. Tout va bien tant que les faits et les idées, solidaires les uns des autres, marchent de front ; mais les révolutions ne maîtrisent pas toujours leur fougue : quand les faits ont été longtemps arriérés, on a la démangeaison de les porter bien loin en avant des idées ; alors survient un mouvement de recul, c'est ce qu'on nomme RÉACTION, conséquence inévitable d'un mouvement trop précipité. — La réaction, dans ce cas, est aussi nécessaire que la révolution dans l'autre; elle est chose essentiellement réparatrice ; elle est sage et utile quand, maîtresse de ses mouvements, elle procède avec mesure et fait reculer l'utopie jusqu'aux limites de l'application possible. — Cette espèce de réaction est encore un progrès. — Mais il arrive souvent que la réaction agit plutôt dans un intérêt particulier que dans un intérêt général, alors, agissant passionnément, c'est un vaincu qui se venge. — Si elle reporte les faits bien en arrière des idées, il ne faut pas s'en étonner, elle impose ses folies par la violence, et ouvre la voie à une nouvelle révolution. Il n'y aurait jamais eu de révolutions si les gouvernements avaient su retoucher à temps l'acte constitutionnel de l'État, et le remettre au pair des idées qui ont marché tandis qu'il est resté stationnaire. — Une révolution n'est qu'une course violente et impétueuse, au galop, que font les choses après les principes pour les rattrapper et marcher désormais de front avec eux.

Le CHRISTIANISME fut la révolution qui renouvela la société païenne vieillie, décrépite et corrompue ; le SOCIALISME est la révolution qui renouvellera la société chrétienne aussi vieillie, aussi décrépite et aussi corrompue que la société païenne. — Tous les maux de l'humanité viennent de ce que toutes les religions, toutes les philosophies ont obstinément refusé de faire la part des deux éléments qui composent notre nature : l'esprit et la matière. Les unes, comme le paganisme, ont tout sacrifié à la matière ; les autres, comme le christianisme, ont tout sacrifié à l'esprit ; il y a dans l'homme de la matière et de l'esprit ; il ne s'agissait que de reconnaître à la matière ce qui appartenait à la matière, et à l'esprit ce qui appartenait à l'esprit. Au lieu de cela le christianisme a pris à tâche de faire violence à la partie matérielle de l'homme, sous prétexte de mieux l'assujétir à l'esprit ; c'est une déplorable manière de procéder, parce qu'en abâtardissant ce que les chrétiens nomment la *chair*, on abâtardit l'âme ; en tuant l'instinct, on tue la raison ; on ne combat bien le corps qu'en lui donnant satisfaction.

Le christianisme nie le principe matériel, le socialisme l'affirme ; — le christianisme ne reconnaît pas le progrès infini, le socialisme en fait la loi de l'humanité ; — le christianisme dit : *Travaillez pour vous mortifier,* le socialisme dit, au contraire : *Travaillez pour vous vivifier* ; — Le christianisme dit : Châtiez votre chair, le socialisme dit : Donnez satisfaction à votre chair. — Le socialisme, quoi qu'on en dise, n'a rien de commun avec le christianisme ; il en est l'ennemi ; son principe est la négation du principe chrétien ; ils se combattront jusqu'à ce que l'un ou l'autre ait disparu de la terre. — Le socialisme, ainsi entendu, a raison contre le christianisme, et, si le droit fait la force, l'idée chrétienne ne prévaudra pas contre l'idée sociale.

De même que l'homme individuel est né pour la vie matérielle, pour le droit ; de même l'homme collectif, c'est-à-dire l'homme uni à l'homme pour vivre dans une communauté plus ou moins étroite d'intérêts, est né pour la vie morale, pour le devoir. — L'homme en société jouit d'abord de la vie matérielle, qui était déjà son lot quand il vivait seul, à l'écart ; de plus, il jouit de la vie morale, qui commence à exister pour lui le jour où il s'associe avec les autres hommes. La vie en société, étant mi-partie matérielle et mi-partie morale, est donc une vie qui gravite sur le droit et sur le devoir, où le droit et le devoir doivent toujours être en équilibre pour le bonheur de tous et de chacun.

Tant que les hommes ne se furent pas réunis aux autres hommes, tant qu'il n'y eut que des individus et pas de société dans la race humaine, l'homme ne dut songer qu'à jouir de son droit, il ne connut que sa personne, et ne songea qu'à satisfaire ses propres besoins. Les autres hommes étaient pour lui comme s'ils n'eussent pas existé ; bien plus, chaque homme n'eut dans les autres hommes que des ennemis. — L'homme, avant d'être né à la vie sociale, ne fut donc qu'un ennemi pour l'homme ;

chacun vit dans son voisin. un concurrent. un rival, un adversaire, un homme dangereux, enfin ; de là naquirent querelles,
luttes. guerres, massacres et toutes les calamités qui ont acca-
blé les siècles de barbarie.

Après avoir bien querellé, lutté. guerroyé, massacré, les hommes pensèrent qu'il serait peut-être plus avantageux pour eux
de se rapprocher. Deux hommes qui s'étaient battus et mal-
traités, firent ensemble un pacte d'alliance, une ligue offensive
et défensive contre l'ennemi commun. Ils convinrent que leurs
cases seraient voisines l'une de l'autre ; et. pour éviter désormais toute discussion. ils convinrent que l'un s'occuperait de
chasser et l'autre de pêcher. que l'un cueillerait ses fruits dans
telle forêt, et l'autre dans la forêt opposée, que le chasseur échan-
gerait le superflu de son gibier avec le superflu de poisson du
pêcheur. — Ces deux hommes, en fondant l'un à l'égard de
l'autre, la vie sociale. fondèrent la vie morale.

La vie morale n'est pas autre chose que le devoir ; et le devoir, c'est le respect du droit d'autrui. — Ces deux hommes,
vivant en société et, pour ainsi dire. solidaires l'un de l'autre,
réglementèrent l'exercice de leur droit à la vie matérielle ; ce
droit ne put être réglementé que par les devoirs qu'ils s'impo-
sèrent l'un vis-à-vis de l'autre. — La vie morale naît donc de la
vie matérielle ; le devoir naît du droit ; le devoir c'est l'obligation de respecter et de favoriser chacun dans l'exercice de son
droit. — La vie matérielle. c'est la satisfaction des besoins en vue
de la conservation. La vie morale. c'est l'ensemble des facultés de tous les hommes qui concourent à assurer à chacun
l'exercice plein et entier de son droit en vue du progrès.

Quand plusieurs sociétés se furent formées. ce ne furent plus
les membres de la même société qui furent ennemis, ce furent
les diverses sociétés entre elles. — A bout de querelles et de
combats acharnés, chacune de ces sociétés comprit, de guerre
lasse, que toutes auraient eu avantage à s'allier, à unir leurs
efforts et à employer, dans le but de la prospérité commune,
les forces inouïes qu'elles dépensaient à s'entre-nuire. — Un
pacte d'alliance fut fait entre toutes les petites sociétés partielles ; les droits de chacune furent plus ou moins bien sauvegar-
dés ; des devoirs furent imposés à chacune dans l'intérêt de
toutes. et toutes ces petites sociétés se fondirent en une grande
société générale. — Mais d'autres sociétés partielles s'étaient
aussi fondues en une société générale ; ces deux sociétés généra-
les furent rivales et ennemies entre elles, comme l'avaient été
les sociétés partielles.

Des GUERRES éclatent toujours entre États voisins. et toutes ces guerres ont toujours pour cause une question de
LIMITES : limites de territoire. limites de droits, limites d'influence, etc. On ne se bat jamais pour le milieu de son avoir ;
on ne se bat que pour les confins, c'est-à-dire pour la portion
la plus minime et la plus chétive. — Ainsi. une société a beau
être grande, puissante. influente, elle se bat. et c'est pour elle
une raison de se battre. Si elle a près d'elle une autre société,

elle l'absorbera ou sera absorbée par elle. — Les hommes seront toujours ennemis tant qu'il y aura des limites, tant que tel point du globe qu'on voudra, ne sera pas le point central du territoire de la société humaine. Je ne parle pas des GUERRES CIVILES qui sont des brouilles de ménage entre peuples qui se sont unis en sociétés avant de s'être bien assurés de la sympathie qu'ils s'inspirent ; ces guerres dureront aussi longtemps qu'il y aura deux manières de penser, deux intérêts contraires, deux partis antagonistes au sein de la même société. — Les guerres de limites ne cesseront que le jour où toutes les sociétés ne formeront plus qu'une société, le jour où la terre ne formera plus qu'une république, où chacun de ses habitants pourra se dire cosmopolite et sera assuré de trouver partout une patrie. — Jusqu'à ce jour, le mot PATRIE devrait être maudit ; car c'est à lui que sont dus tous les maux, tous les combats, tous les égorgements dont l'humanité a été la sanglante victime. Le jour où chacun sera citoyen de l'humanité, on pourra dire comme un écrivain ancien : *Ubi benè, ibi patria* ! LA PATRIE EST LE LIEU OÙ L'ON EST HEUREUX !

« Se peut-il rien de plus plaisant, dit Pascal, qu'un homme » ait droit de me tuer parce qu'il demeure au-delà de » l'eau et que son prince a querelle avec le mien, quoi- » que je n'en aie aucune avec lui. » Chaque peuple entretenu par ses rois dans des sentiments de haine contre ses voisins, ne vivait que pour leur nuire ; aussi les peuples ne se visitaient-ils que pour se piller, se dévaster et s'entr'égorger ; c'était leur gloire ! — L'IMPRIMERIE vint, et ils soupçonnèrent qu'ils pourraient vivre sans se faire tant de mal. Réunis dans une communauté d'idées, ils le furent bientôt dans une communauté de sentiment, celui du bien-être. — La liberté de penser naquit de la lettre écrite ; mais il fut encore permis à une nation de penser que telle autre nation qui habitait au-delà de ses frontières, était avide de son sang. — Les CHEMINS DE FER sont venus établir en pratique ce que l'imprimerie n'avait posé qu'en théorie. Les peuples n'auront plus seulement une communauté d'idées et de sentiments, ils auront une communauté d'existence. Les distances qui les séparaient n'existent plus. Les chemins de fer les ont mêlés et leur ont fait voir que tous les hommes ont un cœur qui ne demande qu'à aimer. Leur frottement mutuel a émoussé les dernières aspérités d'où pouvait jaillir l'étincelle qui allume les guerres. La VAPEUR portera la fraternité aux extrémités de la terre ; c'est le plus mortel ennemi de la tyrannie, l'agent le plus fort de l'unité des peuples au sein de la république universelle ; les patries disparaîtront, et toute guerre sera impie, parce que sous le règne des peuples, elle sera une guerre civile.

La cause de toutes les misères humaines, c'est l'IGNORANCE des hommes. L'ignorant est celui qui *croit* au lieu de *savoir*, celui qui ne sait pas se rendre compte des causes et des résultats, des faits qui se passent sous ses yeux. — Partout où il y a ignorance, la matière prédomine sur l'esprit ; partout où la matière prédomine, il y a un homme ou un peuple en enfance ; partout où il

y a un homme ou un peuple en enfance. il y a un despote. —
Donc il y a despotisme partout où il y a ignorance. Pour
l'homme-enfant, c'est le despotisme du père ou de l'instituteur; pour la société en enfance, c'est le despotisme du roi ou
du prêtre.

Les *despotes*, instruments de conservation des sociétés nais-
santes, ne les détournèrent de la voie du mal qu'en agissant sur
elles violemment par la force brutale; mais pour les amener
au bien. pour leur inspirer le sentiment du devoir. en un mot,
pour les initier à la vie morale. ils durent recourir à d'autres
moyens. Ils exploitèrent le goût du *merveilleux*, qu'ils trouvè-
rent fortement empreint dans le cœur de tous les hommes
ignorants et grossiers qui composèrent les sociétés primitives.
Dans ce but, ils suscitèrent des visionnaires. de prétendus ins-
pirés. des prophètes, des oracles qui firent des révélations
soi-disant venues des 'cieux, c'est-à-dire de l'inconnu. —
Les peuples en furent d'autant plus frappés qu'ils étaient plus
ignorants. et ils acceptèrent tous les contes qu'on leur fit,
comme la vérité la plus vraie. — La *révélation* fut le plus fort
levier moral qu'eurent les despotes. pour manier au gré de
leurs caprices les sociétés en bas-âge. qui, ne comprenant pas la
nature. erraient au-delà sur les ailes de leur imagination. Là ce
fut par la crainte des supplices ; ici par la promesse du bonheur
dans une vie à venir, qu'ils réussirent à imposer leurs volontés
comme lois.

La révélation est le fondement de LA FOI. — La foi fut dans les
temps d'ignorance ce que sera la raison dans une époque de
lumières. La foi s'impose d'autorité; la raison s'impose par
l'examen. La foi c'est le despotisme, la raison c'est la liberté.
—Résultat de l'autorité que la révélation a sur notre ignorance,
la foi comme toute espèce de despotisme n'est forte que de la
puissance qu'on lui croit. L'examen lui est mortel; lui demander ses titres, c'est la chasser. — La foi, c'est l'autorité morale,
de même que le sabre est l'autorité matérielle dont se servent
les despotes pour dominer les sociétés. Le père réunit à l'égard
de son enfant, cette double autorité matérielle et morale. Le
père a le droit de faire craindre Croquemitaine à son enfant
pour l'empêcher de commettre un acte qui lui serait préjudiciable; de même le despote qui fait craindre à la société nou-
vellement née le diable, l'enfer et ses flammes éternelles pour
l'empêcher de commettre un acte funeste à sa conservation,
est parfaitement dans son droit. Mais le diable, l'enfer et tous
ses supplices n'ont pas plus d'influence sur les sociétés avancées dans l'idée morale, que Croquemitaine n'en a sur l'enfant
devenu homme. Toutes les fantasmagories de l'imposture s'é-
vanouissent devant la raison.

Le *despotisme*. c'est l'autorité absolue exercée par un ou plusieurs gouvernants au profit des gouvernés. Le despotisme est
légitime, c'est-à-dire qu'il est naturel et nécessaire quand il
s'exerce sur une société trop jeune et trop inexpérimentée
pour se gouverner elle-même; le despote empêche la société,

comme le père empêche son enfant, de se tuer par des excès de liberté. — Toutes les sociétés, comme tous les individus, ont dû passer par le despotisme avant d'arriver à la liberté, c'est-à-dire qu'elles ont eu besoin de passer par la conservation pour arriver au progrès.

Quand le despotisme se prolonge au-delà de l'époque où il était nécessaire, c'est-à-dire au-delà de l'époque où la *société politique* est devenue virile et a acquis la force de se gouverner, au-delà de l'époque où la *société religieuse* s'est assez pénétrée de ses devoirs pour bien les remplir sans y être contrainte; alors le despotisme change de nom; il devient de la *tyrannie*.

La tyrannie, c'est l'autorité absolue exercée par un ou plusieurs gouvernants à leur propre profit et aux dépens des gouvernés. — En aucun cas, la tyrannie n'est légitime, parce qu'elle est toujours l'abus de la force contre le droit. La tyrannie naît pour chaque société le jour où, mûre pour la liberté, elle n'a plus besoin du despotisme et veut s'en débarrasser.

Le despotisme devient tyrannie quand on cesse d'avoir foi dans son infaillibilité; il n'y a plus despotisme matériel ou moral, il n'y a plus qu'une tyrannie odieuse, qu'elle s'exerce au nom de la religion ou de la politique, le jour où l'idée de progrès l'emporte sur l'instinct de conservation, le jour où les peuples ont rêvé un état plus prospère et se sont mis en mesure de le réaliser. Les despotes les plus débonnaires peuvent devenir de la veille au lendemain les plus insupportables tyrans.

La société politique et la société religieuse ne firent pas, dans le principe, deux sociétés distinctes. Les despotes réunissant dans leurs mains les rênes du pouvoir temporel et du pouvoir spirituel, dominèrent les peuples par le *droit de la force* et le *droit divin;* ces deux droits ne peuvent plus exister dans l'âge mûr des sociétés et ils feront place à l'unique DROIT DE LA RAISON.

La nouvelle société qui s'élève sur les ruines de toutes les tyrannies coalisées, est placée sous l'invocation de la LIBERTÉ, de l'ÉGALITÉ et de la FRATERNITÉ. — La liberté, c'est l'élément matériel, c'est le droit; la fraternité, c'est l'élément moral, c'est le devoir; l'égalité, c'est le rapport qui unit l'élément matériel à l'élément moral, c'est la voie qui conduit du droit au devoir, c'est le moyen d'action qui prenant la liberté pour principe, arrive à la fraternité pour conséquence.

La LIBERTÉ est une force qui allonge sans cesse la chaîne de l'autorité, mais qui ne la rompt jamais. — N'eussions-nous pour nous guider que notre conscience, nous n'aurions encore qu'une liberté limitée par l'autorité de la conscience. — La liberté de chacun ne peut s'exercer que dans les limites de son droit; comme le droit de chacun a pour limite le droit d'autrui, la liberté de chacun a pour limite la liberté d'autrui. Dans une société assez parfaite pour faire prédominer partout l'esprit sur la matière, le droit n'existerait plus; il serait remplacé par le devoir : et cependant, la liberté existerait avec le devoir comme elle existait avec le droit, elle s'exercerait dans le devoir au lieu de s'exercer dans le droit et nous n'en serions pas moins libres, car, tout le monde faisant son devoir, nul ne nous disputerait plus l'espace qu'il nous faut pour l'exercice plein et entier de notre liberté.

Plus dans une société il y a de maîtres, moins il y a d'esclaves. La meilleure forme de gouvernement est celle qui donne à tous la *maîtrise*, c'est-à-dire la *liberté*. — Donner à tous la plus large part d'autorité pour que chacun en ait assez pour en user et pour empêcher qu'on en abuse à son égard ; la distribuer de manière à ce qu'elle soit un patrimoine pour tous et qu'elle ne soit un monopole pour personne ; voilà le but de la DÉMOCRATIE, le gouvernement du peuple par le peuple et pour le peuple. De même que le despotisme fut la tutelle des peuples en enfance, de même la démocratie sera la souveraineté des peuples en âge de raison.

PRODUIRE est le but de l'homme ; JOUIR est le moyen qu'a l'homme pour arriver à produire. — Produire c'est l'utile, jouir c'est l'agréable. Naître, produire en jouissant, mourir, tel est la destinée de toutes les sociétés comme de tous les hommes. Qui meurt avant d'avoir produit et joui, meurt avant d'avoir rempli sa mission et son but ; on ne peut mourir de mort naturelle avant d'avoir produit et joui ; mourir avant cela, c'est mourir de mort accidentelle.

En dehors de la *production*, il n'y a pour personne de *jouissance* légitime ; autrement dire il n'est permis à personne de chercher l'agréable en dehors de l'utile. — Produire, c'est progresser, et progresser c'est s'améliorer. Comme on ne produit qu'en jouissant, jouir c'est le moyen de progresser et de s'améliorer. Comme il n'y a de jouissance légitime que dans la production, on est obligé de produire pour jouir légitimement. S'il n'y avait pas une jouissance attachée, comme attrait, à l'action de produire, l'homme ne produirait pas et, par suite, ne progresserait pas. — Jouir, c'est le droit ; produire, c'est le devoir ; mieux vaudrait dire : Jouir en produisant c'est le droit ; produire en jouissant c'est le devoir.

L'homme, parmi tous les animaux, est celui qui a le plus de besoins, parce qu'il a le plus de facultés. Chez tous les êtres, les besoins existent au prorata des facultés. L'homme est donc apte à rendre autant de services qu'il est susceptible d'en recevoir.

Il y a, au fond de toute société, des individus incapables de produire : des vieillards, des infirmes, des enfants. 1° des vieillards et des infirmes qui produisirent au temps où la génération des hommes actuels était une génération d'enfants ; 2° des enfants qui seront des hommes et qui produiront alors que les hommes actuels seront devenus des vieillards débiles et impotents. — Les hommes valides d'aujourd'hui ont une dette à payer aux vieillards, car ces vieillards les ont nourris enfants. Ces enfants, devenus hommes valides, devront à leur tour nourrir les hommes valides devenus vieux et infirmes. De même, les hommes valides ont un prêt à faire aux enfants d'aujourd'hui, car ces enfants grandiront, et ils seront valides et capables de produire alors que les hommes d'aujourd'hui ne seront plus capables que de jouir.

L'homme en société ne doit donc pas seulement penser à lui, il a des devoirs à remplir : des dettes à payer et des prêts à faire. C'est penser à lui que de rembourser les emprunts qu'il a faits pour jouir sans produire jusqu'à son âge d'homme. C'est penser à lui que de prêter à ceux qui lui rendront quand, à partir de son âge valide, il ne sera plus capable que de jouir en se reposant. — Le vieillard, l'homme, l'enfant d'une même société, sont donc liés par une étroite solidarité. Le devoir les oblige à observer les lois du pacte social en se rendant réciproquement les services qu'ils ont reçus les uns des autres. — L'homme valide qui produit, est *membre actif* de la société ; l'enfant et le vieillard, qui ne produisent pas et qui jouissent, en sont *membres passifs*.

Si jouir est la conséquence de produire, produire est le bien, ne pas produire est le mal. Produire est le but de l'homme ; jouir est la récompense de celui qui produit, c'est-à-dire de celui qui remplit son but. — Si produire est le bien, c'est-à-dire le progrès, jouir est la manifestation du bien, c'est-à-dire l'amélioration ; par conséquent, ne pas produire est le mal, et la manifestation du mal, c'est la souffrance. Pour tout membre actif d'une société, *jouir* n'est le bien qu'à la condition que *jouir* soit la conséquence de *produire*. En dehors de cette condition, *jouir* est le mal, parce que *jouir* ne peut être que la conséquence de *produire*, et la conséquence *de ne pas produire* ne peut être que *ne pas jouir*.

Les maux particuliers des individus, comme les maux des sociétés, viennent tous, soit du défaut de produire, soit de la mauvaise répartition des produits, soit de ce qu'on prend la jouissance pour but sans s'occuper de produire.

Ne pas produire, mal produire, jouir sans produire, ce qui est la cause que d'autres produisent sans jouir, voilà la source de nos misères. — Si produire est le devoir de l'homme, ne pas produire, mal produire, jouir sans produire, tout cela équivaut à ne pas faire son devoir ; tous les maux de l'humanité viennent donc de ce que tous les hommes ne font pas leur devoir.

Qui jouit sans produire, use d'un droit qu'il n'a pas, et ne fait pas son devoir. — Qui produit sans jouir, fait son devoir, et n'use pas d'un droit qu'il a. En sorte que celui qui jouit sans produire, vole le droit de celui qui produit sans jouir ; et celui qui produit sans jouir, remplit le devoir de celui qui jouit sans produire.

Pour atteindre l'idéal, une société n'a qu'à imposer à tout le monde le devoir de produire ce dont il doit jouir, et à ne tolérer à personne le droit de jouir de ce qu'il n'aura pas produit, en un mot à établir l'harmonie entre *produire* et *jouir*.

Pour *produire*, deux conditions sont nécessaires : celle de l'existence de la MATIÈRE PREMIÈRE et celle du TRAVAIL. — Toute matière première vient de la terre, et toute matière première, à l'état brut, telle qu'elle existe dans la terre, est gratuite, par cela seul qu'elle n'est pas le produit d'un travail humain. — Pour se transformer en produit, toute matière première a besoin d'être élaborée par le travail. Le travail seul est rétribué dans le produit, parce que le travail est un effet de l'intelligence humaine et que l'homme seul peut être rétribué. — Au travailleur donc appartient, pour salaire de son travail, toute la valeur qu'il donne à la matière première en la transformant en produit.

Après *produire*, vient *jouir*. Jouir est le résultat de CONSOMMER. — Comme chaque homme dans ses facultés en a toujours une qui domine les autres, un homme ne peut être également apte à faire toute espèce de travaux. Chacun étant obligé de se restreindre à un genre particulier de travail, il résulte de là qu'un même homme ne peut produire par lui-même toutes les choses qui seront nécessaires à ses divers besoins. Le travail de chaque homme devra donc représenter pour lui la valeur des diverses choses qui lui sont nécessaires pour satisfaire à ses divers besoins. Chaque membre actif de la société doit donc produire assez pour pouvoir échanger l'objet de sa production contre toutes les choses dont il aura besoin. Par cet *échange* s'établira la *circulation* des produits et leur *répartition* entre tous les citoyens. — Pour qu'il y ait circulation, il faut qu'il existe un *signe représentatif* des produits, n'ayant pas de valeur commerciale, et ayant pour toute valeur la valeur conventionnelle garantie par la société tout entière.

Du travail appliqué à la matière première naît la PROPRIÉTÉ. — De l'échange des produits, en vue de leur répartition, naît la CIRCULATION.

La propriété, c'est la chose avec laquelle chaque homme pourvoit à ses besoins matériels, tels que la faim, le logement, le vêtement, etc. — Le droit de propriété est la faculté qu'a chacun de jouir de sa chose. Comme la propriété est la source de la jouissance, elle ne peut être que la conséquence du produit ; et comme le produit est toujours la conséquence du travail, la propriété est toujours la conséquence du travail. — Donc, où il n'y a pas travail, il ne saurait y avoir propriété ; de même, où il n'y a pas propriété, il ne saurait y avoir jouissance, sauf le cas de vol.

Le droit de propriété ne peut s'exercer que sur les choses qui *se consomment par l'usage* ; ce qui n'est pas à l'usage d'un seul, ne peut être la propriété d'un seul.

Tous les produits, quels qu'ils soient, se consomment par l'usage ; la terre seule ne se consomme pas par l'usage, parce que, seule, la terre n'est pas un produit ; elle est la matière première, dont on ne peut prendre possession que par le travail.

L'USURE est cette monstrueuse fiction par laquelle on est convenu de reconnaître que le *capital* pouvait produire, qu'il avait la faculté de *ne pas se consommer par l'usage,* comme les produits qu'il représente, de rapporter intérêt, enfin. — Si le produit se consomme par l'usage; et si le capital ne se consomme pas par l'usage, il résulte de là que le capital a des qualités que le produit n'a pas, et, par suite, que le capital ne représente pas le produit, puisqu'il représente plus que le produit. — Donc, celui qui donne de l'argent contre un produit, donne, à valeur égale, plus qu'il ne reçoit : il échange une chose qui ne se consomme pas par l'usage, contre une chose qui se consomme par l'usage : de là augmentation de la valeur de l'argent et dépréciation du produit.

Dans cet état de choses, le capital est le régulateur et le souverain maître du produit, tandis que dans un état de choses normal ce serait au produit à être le régulatenr et le souverain maître du capital.

Le SIGNE MONÉTAIRE doit être corrélatif au produit qu'il représente, et il ne doit avoir d'autre valeur que la valeur de convention qui lui est nécessaire pour tenir lieu du produit représenté. — Qu'on établisse, en concurrence avec le numéraire, un papier pour signe monétaire, on ne pourra jamais faire que ce papier, qui n'aura pas de valeur intrinsèque, soit égal au numéraire, qui a une valeur commerciale. Le numéraire discréditera le papier, il l'étouffera et le fera disparaître. Si le papier survit, c'est à la condition qu'il sera désormais le signe représentatif du numéraire et non le signe représentatif du produit. — En résumé, pour avoir un signe vraiment représentatif des produits, il faut prendre un signe monétaire qui ne soit pas lui-même un produit, qui n'ait pas de valeur commerciale tel que le papier. — Alors on n'estimera pas ce signe monétaire pour lui-même; on n'en trafiquera pas; on ne s'en servira que pour arriver aux produits qu'il représentera, et l'on parviendra ainsi à rendre au produit sa prédominance sur le capital.

Après la propriété, la FAMILLE. — Et la famille est tout entière dans le MARIAGE, car du mode d'union des sexes dépend la constitution de la famille. Si le marige se fait selon les lois de la nature, la famille aura la meilleure organisation possible selon l'état du progrès.

La nature a donné à l'homme et à la femme le besoin d'engendrer comme elle leur a donné le besoin de manger. Ne pas faire droit à ce besoin impérieux, c'est s'exposer à des conséquences désastreuses.

Si la nature a fait l'homme à dix-huit ans et la femme à quinze ans capables d'engendrer, la société doit se constituer de façon à rendre possible l'union des jeunes hommes de dix-huit ans avec les jeunes filles de quinze. A quinze et à dix-huit ans, les jeunes gens se sentent aiguillonnés par les besoins de la chair, et à cet âge on leur refuse le droit et la faculté de les satisfaire; mais la nature est plus forte que la loi. De là cette plaie de la débauche qui n'est que la conséquence directe de notre inepte législation; il arrive que l'acte naturel qui serait un bien, s'il était fait légalement, devient un mal par cela seul qu'on lui refuse la légitimité et qu'on ne prend aucun soin de le régulariser.

Le *mariage* c'est l'union par consentement mutuel de l'homme et de la femme, en vue de la reproduction humaine. — Il suit de là que tout mariage contracté avant l'âge de puissance (quinze ans pour la femme et dix-huit pour l'homme) on après l'âge de puissance (cinquante ans pour la femme et soixante pour l'homme) est un mariage immoral et qui ne peut être toléré. — Le mariage se rompt de la même manière qu'il s'est formé ; il doit se rompre par consentement mutuel, s'il s'est formé par consentement mutuel. Le *divorce* est donc le second terme du mariage ; il en est la sanction ; donc où il n'y a pas divorce, il ne saurait y avoir mariage.

L'impuissance matérielle entraîne l'impuissance morale ; celui qui n'est plus apte à engendrer, n'est plus apte à produire des faits moraux. Les fonctions publiques sont le mariage moral dans lequel l'homme est tenu de produire des faits moraux. Si l'homme n'est plus reçu à contracter mariage à soixante ans, il ne peut plus être apte, à cet âge, à remplir une fonction quelconque de la vie politique. Donc plus de *gérontocratie,* plus de gouvernement des vieillards, car ce régime est toujours celui de l'impuissance et de l'imbécillité.

Certaine école Socialiste, école plus galante que raisonnable, s'est beaucoup occupée d'assigner un rôle actif à la femme dans la société politique. — Le rôle de la femme a été fixé d'avance par la nature.

On a vu que tous les êtres de l'univers se divisaient en êtres actifs et en êtres passifs, et que pour avoir une autorité quelconque sur une personne ou sur une chose, il faut être l'actif dont cette personne ou cette chose est le passif ; or, avoir un rôle actif, dans la société politique équivaut à avoir une autorité dans la société politique ; donc, pour que la femme ait une autorité dans la société politique, il faut que la femme soit l'actif dont tous les membres de la société politique soient le passif, c'est-à-dire qu'il faut que la femme soit supérieure matériellement et moralement à tous les membres qui composent la société politique, hommes, femmes, vieillards, enfants. — Or, qu'est-ce qui existe en réalité ? — De par la nature, l'homme est l'actif dont la femme est le passif ; donc la femme ne pouvant jamais être supérieure à l'homme, ne peut jamais avoir l'autorité sur lui ; de même, de par la nature, la femme est l'actif dont l'enfant est le passif ; donc l'enfant ne peut jamais être supérieur à la femme et n'a pas d'autorité sur elle. — Il résulte de là que l'homme a l'autorité sur la femme et la femme sur l'enfant ; que l'homme est fait pour se régir lui-même et pour régir la femme, comme la femme est faite pour régir l'enfant ; que l'homme seul ayant un rôle actif dans la société politique, la femme ne peut y avoir qu'un rôle passif ; que la femme n'a de rôle actif que sur l'enfant ; c'est-à-dire dans le gouvernement de la famille.

La famille, telle qu'elle existe aujourd'hui, est destinée à s'effacer de plus en plus à mesure que les idées de sociabilité et de fraternité s'étendront; elle disparaîtra complétement le jour où chaque société ne formera plus qu'une grande famille; ce qui revient à dire: la famille cesse d'être partielle à mesure qu'elle se généralise davantage, ou encore, la famille devient de droit commun quand elle cesse d'être un privilége.

L'homme, se composant d'un corps et d'une âme, a besoin de tout ce qui est une satisfaction au corps et de tout ce qui est une satisfaction à l'âme. — Toute loi qui retranche au corps ou à l'âme une satisfaction est une loi anti-naturelle et funeste. L'homme a besoin de manger et de se reproduire. Toute loi qui met des entraves pour empêcher que l'homme apaise sa faim en mangeant, ou qu'il s'unisse à une femme en vue de la reproduction, est une loi qui, par le fait, jette la perturbation et le désordre dans la société, et qui de droit est nulle et comme non avenue. — De plus, l'homme a besoin de manger aussitôt qu'il a faim; il a besoin d'amour aussitôt que la nature le lui révèle. Tout retard apporté à la satisfaction de ces besoins ne peut avoir que des suites déplorables.

Dans la vie morale, l'homme a besoin de s'instruire, l'instruction est la nourriture morale; il a besoin de travailler, le travail est la reproduction morale. — Par conséquent, toute loi qui met obstacle ou à l'instruction ou au travail est une loi anti-naturelle et funeste.

L'homme n'a pas besoin de s'instruire dans ce qui est de la vie matérielle; il n'a pas besoin d'apprendre ou à manger ou à se reproduire; la nature est son institutrice, mais pour ce qui est de la vie morale, il a besoin d'apprendre la science; il a besoin d'apprendre à travailler, c'est la société qui doit être son institutrice. — La science, c'est la théorie du travail; le travail c'est la pratique de la science.

L'homme a besoin de deux sortes d'instruction morale: 1° l'instruction théorique, qui se compose des éléments des sciences (l'instruction primaire); 2° l'instruction pratique, qui se compose de l'application des sciences (l'instruction professionnelle, l'instruction secondaire et les études spéciales).

Le plus fécond des résultats obtenus dans la vie en société, c'est l'appropriation de l'*expérience* du passé, par laquelle l'homme s'identifie avec les hommes qui l'ont précédé, profitant de ce qu'ils ont eu de bon dans leur manière de vivre, évitant ce qu'ils ont eu de mauvais. — Il y a deux sortes d'expériences: l'expérience matérielle, qui répond à la vie du corps, c'est l'*éducation*; l'expérience morale, qui répond à la vie de l'âme, c'est l'*instruction*. L'éducation et l'instruction ont pour moyen la comparaison du passé avec le présent, et pour but de faire distinguer ce qui est bien d'avec ce qui est mal. L'*enseignement* de l'éducation est donné à l'enfant par la mère; l'enseignement de l'instruction est donné à l'enfant par l'instituteur. L'enseignement se fait au moyen de la *tradition*; c'est par la tradition que le passé touche au présent et que le présent touche à l'avenir. — Le présent c'est l'équateur entre le passé et l'avenir.

La tradition se communique au moyen du *langage*. Il y a deux sortes de langage: le langage naturel et le langage artificiel.—Le langage naturel, qui se manifeste dans les actes de la vie matérielle, est fatal; ce langage c'est l'exclamation dans la joie, dans la douleur, dans la surprise, etc. C'est le geste qui se retrouve le même chez tous les peuples pour signifier la même chose. — Le langage artificiel, au contraire, s'est librement formé à mesure des besoins de l'homme en société; il est aussi varié que le langage naturel est uniforme; il a varié selon que les besoins moraux de chaque peuple ont varié. — Le langage d'un peuple est toujours en harmonie avec ses besoins et ses mœurs. Dans une langue est renfermée toute l'histoire de la société chez laquelle cette langue s'est formée.

Tout homme, pour progresser, a besoin de l'exercice plein et entier de sa liberté; un gouvernement doit donc toujours avoir pour but de donner aux hommes la plus large part de liberté possible. — Toute loi qui, sous prétexte d'empêcher le mal, ne laisse pas à l'homme la faculté de faire le bien, est une *loi préventive*, c'est à dire une loi anti-naturelle, immorale et funeste par cela seul qu'elle restreint la liberté humaine.

Abolir les lois préventives dans une société, c'est accorder à cette société la jouissance pleine et entière de tous ses droits. — Accorder à une société la jouissance pleine et entière de tous ses droits, c'est lui accorder la liberté intégrale. Ainsi donc: *Pour constituer la liberté intégrale, il suffit d'abolir toute espèce de loi préventive.*

Il n'en est pas des *lois répressives* comme des lois préventives. Il y aura des lois répressives aussi longtemps qu'il y aura dans le milieu social des hommes qui abuseront de leur liberté.— Tout *abus de liberté* est un fait préjudiciable au droit d'autrui.

Il y a deux sortes d'abus de liberté : l'abus de liberté ou *attentat contre soi-même*, qui est la non-jouissance de son droit, autrement dire, le non-accomplissement de son devoir envers soi-même; l'abus de la liberté ou *attentat contre autrui*, qui est le non-accomplissement de son devoir envers les autres, autrement dire une atteinte au droit d'autrui.

L'attentat contre soi-même est un acte matériel qui peut s'accomplir dans la vie individuelle comme dans la vie sociale, tandis que l'attentat contre autrui est un acte moral qui ne peut s'accomplir que chez l'homme vivant en société. — L'attentat contre soi-même, étant un acte individuel, indépendant de tout acte social, ne peut tomber sous le coup de la société. En effet, l'individu qui abandonne son droit, ne peut être châtié pour cet acte arbitraire qu'il commet envers lui-même, et il n'appartient à personne de contraindre celui qui a faim, sommeil, de manger et dormir, s'il ne le veut pas. C'est la nature qui se charge du châtiment de cet attentat. — D'un premier attentat contre soi-même résulte une perturbation dans la nature matérielle. — D'un attentat répété résulte la maladie. —D'un attentat permanent résulte la mort. — Il s'ensuit que toutes les perturbations de la vie matérielle, les maladies, la mort venue avant le temps, ont pour cause l'abus de liberté, c'est-à-dire la non-satisfaction des droits de la nature matérielle.

Parmi les cas de non-satisfaction des fonctions de la vie matérielle, je range le *trop de satisfaction* donné à ces fonctions et la jouissance effrénée accordée aux appétits. Celui qui mange jusqu'à l'indigestion, qui boit jusqu'à l'ivresse, ne satisfait pas plus à ses besoins que celui qui ne mange ni ne boit ; celui qui refuse trop à l'amour se rend passible de perturbations, de maladies, de mort, comme celui qui lui voue un culte trop ardent. — Les besoins de la vie matérielle sont continus, ils exigent une satisfaction continue.

L'attentat contre autrui consiste à ne pas faire son devoir envers autrui, autrement dire, à léser le droit d'autrui. Cet attentat a toujours pour but de donner indûment satisfaction à notre nature ; ainsi *tuer* a toujours pour but la vengeance à moins qu'il n'ait pour but le vol. Tuer c'est briser le pacte social qui consacre les droits et les devoirs de tous ; c'est briser une existence qui avait le droit d'être. *Voler*, c'est ravir à autrui ce qu'il a produit, pour en jouir à son préjudice. — Si tuer et voler sont des crimes contre la société, ils doivent trouver leur châtiment dans cette société.

Le *meurtre* est un crime social commis contre autrui et qui doit être réprimé par la société. — Le *suicide* est un crime individuel commis contre soi-même et que la nature punit par la destruction. — Le *duel* est un meurtre et un suicide combinés : meurtre, en ce que le duelliste prend la résolution de tuer son adversaire et se rend sur le terrain à cet effet ; suicide, en ce que le duelliste fait abandon de sa vie et présente la gorge au fer de son ennemi, pour être tué par lui, à moins qu'il ne le tue lui-même.

De la part de chaque duelliste, il y a intention de meurtre avec intention de suicide ; celui qui se bat en duel commet donc en même temps un crime contre autrui et un crime contre soi-même. — Lorsque le duelliste survit au duel, pour le cas de crime contre soi-même ou suicide, l'individu n'étant engagé envers la société que pour sa propre personne, la société n'a à lui demander compte que du vol de sa personne qu'il a tenté de commettre à son préjudice ; pour le cas de crime contre autrui ou meurtre, le duelliste s'assimile au meurtrier et doit être traité de même.

Tout homme qui est né, a le droit d'exister ; il a droit à la conservation par cela seul qu'il a pour but le progrès, et que sans conservation pour point de départ, il n'y a point de progrès pour point d'arrivée. L'homme a donc dans le cœur un instinct qui lui est commun avec tout ce qui a vie, c'est *l'instinct de la conservation*, et cet instinct, il le manifeste par tous les actes possibles. Tout acte qui a pour but la conservation de l'individu est donc légitime. — De là naît le *droit de défense*: tous les moyens de défense contre un ennemi qui attaque notre vie, sont bons ; les plus expéditifs sont les meilleurs ; il n'y a de mauvais parmi eux que ceux qui ne parviennent pas au but.

Les sociétés doivent être assimilées aux indivudus. Tout peuple qui en attaque un autre, hors le cas de légitime défense, fait du brigandage en grand. La prise d'armes ne nous est permise que contre ceux qui nous refusent le droit de vivre, c'est-à-dire la faculté de nous conserver et la liberté de progresser

Recourir aux armes suppose que l'on a employé préalablement tous les moyens légaux et pacifiques, que l'on a épuisé toutes les voies de conciliation pour arranger les affaires à l'amiable.

La société n'a pas plusieurs manières de punir les crimes commis envers elle, parce qu'elle n'a que le droit de corriger et non de se venger ; c'est-à-dire que la société n'a sur celui qui se rend coupable envers elle, que le droit de le tenir sous sa main et de le mettre dans l'impossibilité de nuire, jusqu'à ce qu'elle l'ait suffisamment moralisé et qu'elle ait acquis de lui des gages de sa ferme résolution de respecter désormais la liberté d'autrui en faisant son devoir. — *Instruire* l'ignorant qui s'est fait criminel, c'est détruire le *principe* du mal ; *mettre à même de travailler* celui qui n'avait eu jusque-là que la ressource de voler, c'est détruire *l'occasion* du mal ; détruire le principe et l'occasion du mal, c'est corriger, c'est moraliser.

Une société doit donc avoir pour but d'extirper de son sein le crime et non le criminel ; et la première chose à faire, c'est d'extirper le bourreau de la société et de le remplacer par des instituteurs qui, au lieu de tuer l'homme, tueront la chose. — La *peine de mort* est immorale comme étant sans objet ; elle est anti-naturelle parce qu'elle donne un démenti à la loi de la perfectibilité humaine. La *condamnation à perpétuité* et, en général, toute *condamnation à temps fixe*, sont contraires à la loi de la perfectibilité et ne peuvent produire que des résultats désastreux. — On ne peut fixer au stage de moralisation qu'un *minimum* de temps passé lequel le condamné sera relâché et réhabilité, si l'on juge qu'il ait satisfait à toutes les prescriptions de la loi morale et qu'il ait donné de sérieuses garanties à la société.

Nous avons vu au SOCIALISME DES INFINIS qu'il n'y a rien d'absolu, que par suite l'infini n'existe pas, et que, par conséquent, l'homme n'a aucun rapport avec l'infini. Il résulte de là que l'homme est l'être supérieur et qu'un être supérieur à lui ne saurait exister. L'homme n'est donc tenu à aucune espèce de pratique religieuse, à aucune espèce de culte envers aucun être, de quelque nom qu'on le nomme, tout être supérieur à l'homme étant un être fictif, chimérique et imaginaire. — L'homme n'ayant de rapports qu'avec lui-même, ne doit de culte qu'à lui-même. Le culte que l'homme se doit à lui-même c'est de pratiquer la loi naturelle ; il y a deux manières de pratiquer la loi naturelle : la première qui consiste à satisfaire aux besoins de son corps, la seconde qui consiste à satisfaire aux besoins de son âme.

Il faut une RELIGION pour le peuple ! entend-on répéter sans cesse. Et d'abord s'il faut une religion pour le peuple, il en faut une pour tout le monde ; et s'il n'en faut pas pour tout le monde, il n'en faut pour personne. Moi aussi je veux une religion, mais une religion qui ne soit que la théorie dont la morale est la pratique. — La morale ne doit être que la pratique de la *loi naturelle* ; la loi naturelle c'est jouir de son droit et accomplir son devoir. Le droit, c'est la justice envers soi-même ; il consiste à donner à son besoin toutes les satisfactions qui n'en retirent pas une au besoin d'autrui. — Le devoir, c'est la justice envers les autres; il consiste à rendre à autrui les services qu'autrui nous a rendus ou qu'il nous rendrait en pareille occasion : le devoir consiste encore à rendre à la société la réciprocité des services que nous avons le droit d'exiger d'elle. — C'est à la conscience à nous indiquer si la satisfaction que nous donnons à notre besoin, nous était bien due et n'était point due à un autre. C'est à la conscience à nous indiquer nos devoirs envers autrui. — Le droit comme le devoir est donc soumis au jugement de la conscience.

Qui obéit à sa conscience, fait le bien. Qui désobéit à sa conscience, fait le mal. — Obéir à sa consciences c'est se moraliser. — Se moraliser, c'est vivre selon la loi de la nature. — Nous avons dit que nous voulions une religion; la seule religion que nous voulions, c'est LA RELIGION DE LA CONSCIENCE.

Ce qu'on a nommé IMMORTALITÉ DE L'AME dont nous avons déjà dit un mot, est une chose tellement absurde qu'elle ne souffre pas l'épreuve du raisonnement. — Nous ne croyons pas que la substance spirituelle dont l'âme est composée, se détruise, parce que, pour nous, toute espèce de *substance* est éternelle, aussi bien la substance de l'esprit que la substance de la matière; il n'y a que les formes qui soient destructibles. Or, comme l'âme est une forme de l'esprit, de même que le corps est une forme de la matière, l'âme se détruit et se transforme de même que le corps se détruit et se transforme. — Reconnaître que l'âme est éternelle, ce serait reconnaître que la partie est égale au tout. — Reconnaître que l'âme est immortelle, ce serait poser la doctrine de l'immobilité dans l'univers et nier le progrès. — Reconnaître l'identité de l'âme dans une autre vie, ce serait nier les transformations universelles.

Que l'on ne croie pas qu'il faille à l'homme une autre vie dans laquelle il soit récompensé pour avoir eu sur la terre la sottise de laisser commettre à son égard une multitude d'injustices et de passe-droits. C'est la doctrine favorite des tyrans qui n'ont cessé de crier aux peuples imbécilles : Souffrez, souffrez patiemment sur la terre, vous serez récompensés dans le ciel. — Si les peuples se laissent opprimer par un petit nombre d'individus, ils n'ont à s'en prendre qu'à eux seuls; et s'ils souffrent, ils méritent de souffrir; la nature a fait pour eux tout ce qu'elle pouvait faire; elle les a faits plus forts et plus nombreux que leurs oppresseurs. Si par lâcheté ils ont chassé de leur cœur l'instinct de la conservation, ils ne méritent que la punition, et leur punition c'est d'être rivés dans les fers de l'esclavage.

L'homme est fait pour jouir sur la terre de ce qu'il aura produit, tant pis pour lui s'il souffre qu'un autre s'empare de sa production et en jouisse à son préjudice! — Si quelqu'un mérite d'être châtié pour attentat contre autrui, c'est sur la terre et non ailleurs qu'il mérite de l'être; s'il n'est pas châtié sur la terre pour cette attentat, il ne le sera nulle part. — Tout attentat commis contre un membre de la société est passible vis-à-vis de cette société; et si la société ne le réprime pas, il ne sera pas réprimé.

LE DIEU DE PROUDHON.

—

Je me rappelle avoir lu, l'année dernière, dans un journal réactionnaire anglais, je ne sais plus lequel, une phrase à peu près ainsi conçue : *The existence of a man like Proudhon, in Europe, is no jest.*

Non, l'existence d'un homme qui a des idées, au milieu d'une Europe qui en est si pauvre, ne saurait être une chose insignifiante. Or, ce Proudhon, le seul homme vraiment sérieux qui soit sorti tout armé des flancs de la révolution, devait produire, au milieu de ses contemporains, l'effet qu'un Gargantua produirait en survenant tout à coup au milieu d'une troupe d'enfants.

La personnalité de cet homme une fois posée en colosse, plus rien n'a pu sortir de sa bouche qui ne fût un cri de guerre, un râle de destruction, jetant l'effroi au cœur des plus hardis. Les mots les plus bénins ont pris sous sa plume une couleur sinistre, et le simple mortel a été divinisé ; car on fait les dieux aussi bien avec de la haine qu'avec de l'amour.

Cet illustre personnage que sur la terre et aux enfers on appelle Proudhon, s'est montré un démolisseur de premier ordre ; la sape et la mine sont ses occupations familières ; il joue avec la pioche et la massue, comme un autre jouerait avec des hochets ; et les coups de hache qu'il a portés à la racine de l'arbre social, ont été frappés fort adroitement et fort justement, il faut en convenir. Aussi la vieille société a-t-elle tressailli de la base au sommet ; ébranlée, lézardée, vermoulue de toutes parts, elle a toutes les peines du monde à se rasseoir sur ses fondements ; quant à se raffermir, elle ne le pourra jamais ; toute espèce d'étai serait impuissant pour la maintenir. C'en est fait, il faut qu'elle croule, il faut qu'on la rebâtisse sur un modèle plus approprié au logement de tous ceux qui doivent l'habiter.

Après avoir montré son intrépidité à démolir, il a voulu montrer son courage à rebâtir ; il faut constater ici qu'il a été moins heureux dans ses reconstructions que dans ses démolitions. Cependant, la science économique n'a pas aujourd'hui d'homme plus positif que lui. Après avoir lancé sur le monde son fameux brûlot : LA PROPRIÉTÉ C'EST LE VOL ! il a fait un chef-d'œuvre pour expliquer ce qu'il entendait par là, et pour montrer dans quelles limites ce mot est vrai et dans quelles limites il est faux. — *La propriété est le vol,* quand on l'entend comme ceux qui la font découler du travail d'autrui et qui l'accaparent au moyen de l'usure. — *La propriété n'est pas le vol,* mais elle est naturelle, elle est l'accessoire de l'homme, quand on l'entend comme ceux qui la font découler de leur propre travail, et qui s'en servent pour satisfaire à leurs besoins. — C'est ainsi que Proudhon l'a entendue, c'est ainsi que tout homme de bon sens l'entendra.

Pour faire pendant à son premier brûlot, Proudhon a lancé sur le monde ce second brûlot : DIEU C'EST LE MAL ! C'est de ce dernier que nous devons plus spécialement nous occuper ici.

Nous devons dire d'abord que dans la question de *Dieu*, Proudhon n'est pas aussi bien inspiré que dans la question de la *propriété*. Proudhon est un économiste, Proudhon n'est pas un philosophe ; ou s'il tient à la qualité de philosophe, nous lui dirons qu'il est un *philosophe négatif*, c'est-à-dire qu'il a vu ce qu'il fallait détruire dans la philosophie du passé, sans voir ce qu'il fallait édifier dans la philosophie de l'avenir.

Proudhon n'est pas complétement l'homme de l'avenir, il n'est pas davantage l'homme du passé ; il est une transition entre les deux mondes ; il est le pont jeté sur le fleuve qui sépare l'un de l'autre, il a pied sur chacune des deux rives. — Par son langage et par ses formes, il appartient au passé ; par ses idées et surtout par ses aspirations, il appartient à l'avenir ; en tout cas, il est bien la personnification du présent, il résume bien en lui notre époque. Là est le secret de l'immense renommée qu'il a acquise.

C'est dans le numéro du *Peuple* du 7 mai 1849, qu'a été perpétré le seul attentat vraiment sérieux que Proudhon ait commis contre Dieu ; je ne parle pas de ce réquisitoire ardent qu'il a formulé contre lui dans son *Système des contradictions économiques,* et qui n'a pour moi ni portée, ni valeur scientifique.

Cet article de journal pompeusement intitulé : *Dieu c'est le mal !* n'est pas un chef-d'œuvre, tant s'en faut. Si Proudhon eût eu un système bien arrêté, des idées nettes, claires, précises, il est à croire qu'un écrivain aussi habile que lui, n'eût pas réuni sous la forme d'un grimoire, digne des bons temps de la scholastique, tant de propositions contestables, tant de déductions qui jurent avec leur principe, tant de mots ébahis de se voir accouplés ensemble, enfin tant d'obscurités et de contradictions de toutes sortes. Il faut que nous soyons bien curieux de savoir ce qu'il y a au fond du sac, pour avoir entrepris d'analyser ce travail, qui est, à lui seul, en fait de métaphysique, les douze travaux d'Hercule.

« L'HOMME EST LIBRE. »

C'est ainsi que Proudhon débute ; il déclare que l'homme est libre, sans faire de restrictions pour ce qui concerne la partie matérielle de l'homme, et il prend la liberté de l'homme pour principe. — Par ces trois mots, Proudhon déclare qu'il est encore plongé jusqu'aux épaules dans l'ornière du passé, et que, content d'y être, il ne va pas même essayer de s'en dégager. Déclarer que l'homme est un principe et non une conséquence, c'est déclarer, comme l'a fait, de tout temps, l'absurde philosophie du γνῶθι σεαυτόν, qu'il faut étudier l'homme en lui-même sans s'occuper de ce qui l'entoure, c'est déclarer qu'un Dieu quelconque l'a formé de ses mains et jeté dans quelque paradis terrestre, comme y furent jetés Adam et Eve. — Si l'homme est sorti des mains d'un Dieu créateur, il ne peut en être sorti que parfait. Par ces simples mots : l'homme est libre, Proudhon fait de l'homme un principe, et déclare par là même qu'il croit à la déchéance humaine, il se fait le champion du progrès à reculons, ni plus ni moins que M. de Montalembert; il est plus catholique qu'il ne pense. — Prendre pour principe de sa métaphysique la liberté de l'homme, c'est faire du *probabilisme*, ce n'est pas faire de la *science*, c'est se faire le disciple de Socrate, de Descartes et de M. Cousin.

Proudhon vogue ensuite à pleines voiles vers le panthéisme. Pour lui, l'*ordre divin* n'est pas autre chose que l'*ordre de la nature*. L'homme, en modifiant la nature, en vertu de sa liberté, prend part au gouvernement de l'univers ; « et il devient lui-» même, comme Dieu, dont il est le reflet éternel, *créateur* et » *révélateur;* il est une forme de la Divinité. »

« L'homme est une forme de la Divinité.» Si l'homme est une forme de la nature, il est, par conséquent, selon vous, une forme de la Divinité, puisque pour vous Dieu et nature, c'est tout un. Mais dire que l'homme est le reflet éternel de Dieu, lorsqu'il est convenu que l'homme est une forme de Dieu, et dire, de plus, que l'homme, en modifiant la nature, devient, comme Dieu, *créateur* et *révélateur*, lorsqu'il est convenu que c'est l'homme qui, en modifiant le Dieu-Nature, agit sur Dieu, et non Dieu qui agit sur l'homme, c'est fort! c'est même très fort! — De quoi le Dieu-Nature pourrait-il être créateur et révélateur, si ce n'est de lui-même, puisqu'il n'y a rien en dehors de lui ? Si l'homme agit sur une partie de la nature pour la modifier et la transformer, il n'a pas besoin pour cela de l'exemple de Dieu, il n'a besoin que d'agir selon son instinct et sa raison.

Les deux phrases qui suivent nous prouvent encore avec plus d'évidence que dans l'idée de Proudhon, c'est l'homme qui agit sur Dieu et non Dieu qui agit sur l'homme : « Tout ce qui » ne vient pas modifier l'action libre de l'homme, tombe exclu-» sivement sous la loi de Dieu. Réciproquement tout ce qui » surpasse la force de la nature, est l'œuvre propre de la vo-» lonté de l'homme. »

Ensuite on lit : « Dieu est la raison éternelle ; l'homme est la » raison progressive. Ces deux raisons sont nécessaires l'une à » l'autre ; elles se complètent l'une par l'autre. »

Si Proudhon a voulu dire par là que Dieu ou la nature est le *tout*, que l'homme faisant *partie* de la nature, est une partie du tout, et que l'homme, partie de la nature, est nécessaire au reste de la nature pour la compléter et en faire une intégralité, c'est conforme à ce qu'il a avancé précédemment, et nous ne voyons pas d'inconvénient à être de son avis. Cependant ses expressions ne sont pas heureuses; des gens qui y cherche-raient malice, pourraient voir autre chose là-dessous.

Poursuivons: « Leur *accord* constitue ce que j'appelle *le* » *gouvernement de la Providence*. La Providence n'est donc » point, comme Dieu et l'homme, dont elle représente le con-

» cours, une idée simple ; c'est une idée complexe. — C'est
» L'HARMONIE entre l'ordre de la nature et l'ordre de la liberté,
» chose que le proverbe populaire exprime en disant: *Aide-*
» *toi le ciel t'aidera* »

Proudhon appelle *Providence* l'accord de l'homme avec la
nature, c'est-à-dire l'accord des parties dans le tout ; à mon
sens, il vaudrait mieux la définir: l'harmonie entre l'esprit et
la matière, entre la liberté et la fatalité. — Pour lui, la Providence, ce n'est donc pas son Dieu-nature, ce n'est pas davantage l'homme, c'est l'accord entre l'homme et le Dieu-nature.
La Providence n'est donc pas un être, c'est tout bonnement UN
RAPPORT entre deux êtres corrélatifs. Il me semble que c'est la
meilleure manière de la concevoir.

» Tout ce que l'homme fait à l'encontre de la loi divine, est de
» *l'arbitraire*; tout ce qui arrive à l'insu de l'homme ou malgré
» lui, est de la *fatalité.* »

Ce qui, traduit, veut dire : Tout ce que l'homme fait en dehors de la loi de la nature matérielle, est un acte de sa *liberté*.
Tout ce qui se fait selon la loi de la nature matérielle, en dehors
de l'action libre de l'homme, est de la *fatalité*. Ce n'est pas
neuf, mais enfin nous n'y voyons rien à redire.

Proudhon continue: « Suivant que l'Humanité est plus ou
» moins *autonome*, c'est-à-dire maîtresse et législatrice d'elle-
» même; suivant que sa part d'initiative est plus ou moins
» grande et raisonnée, et le cours des événements plus ou moins
» affranchi des lois inconsciencieuses de la nature, la somme
» du *bien* augmente ou diminue dans le monde. En sorte que
» L'ORDRE, dans sa plus haute expression, ou, comme disaient
» les anciens philosophes, le souverain bien résulte de l'accord
» parfait entre les deux puissances souveraines, Dieu et
» l'homme, et l'extrême *misère* de leur complète scission. »

Ah ! citoyen, quel vide d'idées sous un pareil déluge de mots !
Vous ne trouvez donc pas le vocabulaire assez riche que vous
l'ornez encore de vos *autonomes*, de vos *inconsciencieuses* qui,
comme tant d'autres mots de votre fabrication, sont bien expo-
sés à ne pas faire fortune? Que signifie cette phrase à faire
perdre haleine, cette tirade à époumoner?... Si elle ne signifie
pas que l'*ordre* ou le *bien*, comme vous voudrez l'appeler, résulte de l'accord de l'esprit avec la matière, de l'âme avec le
corps, de la liberté avec la fatalité, et que le *désordre* ou le *mal*
résulte de leur désaccord, elle ne signifie rien. — Si vous eus-
siez mesuré votre tirade sur la longueur de votre idée, vous
lui auriez à peine donné deux lignes, et elle n'y eût pas
perdu.

« Le *progrès* dans l'humanité, dites-vous, peut donc se défi-
» nir la lutte incessante de l'homme avec la nature, opposition
» éternelle, produisant une éternelle conciliation. »

Non pas, citoyen! le progrès n'est pas une lutte. — Vous
vous rappelez trop la lutte de l'esprit contre la chair, la lutte
du bon principe contre le mauvais principe; vous êtes chrétien jusqu'à la moelle des os. — Le progrès, au lieu d'être,
comme vous l'assurez, une lutte incessante, est le résultat d'une

attraction incessante, d'un rapprochement et d'un accord in-
cessants entre ses deux principes. Pour le produire, l'homme,
autrement dire l'esprit, copule avec la nature, autrement dire
avec la matière. Dans l'acte de la production du progrès, il n'y
a pas entre l'homme et la nature d'autre opposition que celle
qui existe entre l'homme et la femme dans l'acte de la génération. — Je voudrais bien que Proudhon me démontrât comment
hors de là une opposition éternelle peut produire une éternelle
conciliation.

« Partout où l'homme méconnaît la loi de la nature ou lui
» fait défaut, il est fatal que la nature et la société tombent en
» dissolution. La perfection du monde physique est liée à la per-
» fection du monde social, et *vice versa.* »

Idées élémentaires pour tout autre que pour le chrétien, qui
s'impose le singulier *devoir* de faire violence à la nature matérielle, aux risques de la détruire.

« Un Dieu, un monde, sans humanité, est impossible; une
» humanité-Dieu est une contradiction. Confusion, exclusion,
» voilà le *mal.* »

Je donne en cent aux plus malins à trouver la signification
de cette phrase-là. Elle est beaucoup moins grosse d'idées que
de paroles; elle a beaucoup plus d'air que d'effet. Nous allons
essayer de la traduire mot à mot:

Un Dieu, *lisez* la nature, un monde, *lisez* une sphère, sans
humanité, *lisez* sans hommes, est impossible. Proudhon dit ensuite: une humanité-Dieu, *lisez* une humanité-nature, est une
contradiction. Contradiction, je veux bien; mais contradiction
de la part de Proudhon qui, sans doute, ne se souvient pas d'a-
voir dit plus haut que l'homme est une forme de la divinité, et,
par conséquent, de la nature. — Mais ce n'est pas cela qu'a
voulu dire Proudhon; nous allons l'aider à faire comprendre
sa pensée: il a voulu exprimer que Dieu est le *tout,* et que
l'humanité est la *partie,* et que dire humanité-Dieu, c'est
comme si l'on disait que la partie est le tout et que le tout est la
partie, ce qui, géométriquement parlant, est absurde. — Ne vous
ai-je pas bien compris, citoyen? Ah! que vous vous écriez avec
raison: confusion! voilà le mal! — Confusion d'idées sous une
confusion de mots, c'est bien là le véritable mal qui vous
tient.

Qu'est-ce que vous venez donc nous dire maintenant: « Dieu
» éternel et infini est *partout:* l'humanité, immortelle et pro-
» gressive, est *quelque part?* » C'est vous qui soulignez *partout*
et *quelque part.* Vous ne vous souvenez donc déjà plus que vous
nous avez dit deux lignes plus haut qu'une humanité-Dieu est
une contradiction! Si une humanité-Dieu est une contradiction,
ce que vous nous dites-là est une contradiction bien plus
grande et bien plus flagrante encore, parce que vous réaffir-
mez, après l'avoir nié, que l'humanité fait partie de Dieu. — En
effet, de même que le *quelque part* fait partie du *partout,* de
même l'humanité fait partie de Dieu. Je vous défie de sortir
de là.

Dans cette malheureuse petite phrase de deux lignes, vous

opposez à Dieu *éternel*, l'humanité *immortelle* ; c'est comme si vous opposiez à Dieu éternel, l'humanité éternelle, si ce n'est pas ce que vous avez voulu faire, c'est ce que vous avez fait. — En vérité, si l'auteur de cette phrase ne s'appelait pas Proudhon, on serait tenté de croire qu'il ne comprend pas la valeur des mots qu'il emploie. — *Éternel*, c'est, vous le savez comme moi, ce qui n'a pas eu de commencement et qui n'aura pas de fin ; mais *immortel !* Vous rendez-vous bien compte de ce mot-là ? — *Immortel* est un mot inventé par les religions pour les besoins de leurs pratiques superstitieuses, mot essentiellement faux, c'est-à-dire qui ne se rapporte à aucune espèce d'objet dans l'univers, mot comme il s'en trouve, malheureusement, un trop grand nombre dans toutes les langues qui se sont formées chez des peuples en enfance. — *Immortel* veut dire qui a commencé, mais qui ne finira pas. Il n'y a rien dans le monde qui soit immortel, parce qu'il n'y a rien qui commence sans finir. Tout ce qui commence, finit ; tout ce qui ne finit pas, ne commence pas ; c'est de la plus vulgaire métaphysique ; ce sont des axiômes qui courent les rues.

Il faut vous résoudre, citoyen, à dire que l'humanité est mortelle ou qu'elle est éternelle ; c'est l'un ou c'est l'autre. Pourriez-vous concevoir qu'un être, quel qu'il soit, fût limité par un bout et illimité par l'autre ? — A l'exemple des hommes pieux qui, comme vous, fervent Proudhon, ont le cœur plein de sentiments de religion, vous placez *immortel* comme terme moyen entre *mortel* et *éternel*, de même qu'entre votre *Paradis* et votre *Enfer*, vous placez comme terme moyen le *Purgatoire*. Je ne vous demande pas si vous croyez au Purgatoire, vous êtes trop conséquent avec vos idées et trop bon catholique pour n'y pas croire. Il vous fallait un point intermédiaire entre cette vallée de larmes et la béatitude céleste à laquelle vous aspirez et que je vous souhaite ; vous l'avez trouvé, c'est l'IMMORTALITÉ.

« Ni l'ordre divin ne peut s'absorber tout à fait dans la loi
» humaine, ni le libre arbitre se résoudre entièrement dans le
» fatalisme. Ces deux ordres doivent se développer parallèle-
» ment, se soutenir, s'harmoniser, non se fondre : l'*antinomie*
» entre l'homme et Dieu est insoluble. »

Dans toute cette tirade, citoyen, vous avez l'air de dire quelque chose et vous ne dites absolument rien ; si vous l'aviez écrite de façon à être comprise, chacun pourrait y trouver une de ces charmantes naïvetés qui ont fait tant d'honneur à monsieur de la Palisse. Vous avez surtout dans votre première phrase un *tout à fait* qui est adorable ; et votre *entièrement* n'est pas moins fort que le *tout à fait*. — Comment, vous venez nous dire dans votre première phrase, que l'ordre divin ne peut pas se fondre *tout à fait* dans la loi humaine et que le libre arbitre ne peut pas se fondre *entièrement* dans le fatalisme, et vous avez l'inconséquence de nous dire dans la phrase suivante que ces deux ordres, c'est-à-dire l'ordre divin et la loi humaine, le libre arbitre et le fatalisme ne doivent *pas du tout* se fondre ensemble, mais qu'ils doivent se développer parallè-

lement, se soutenir et s'harmoniser? Ah! ça, vous écrivez donc
pour le plaisir de brouiller du papier? — Vous dites ensuite :
« L'*antinomie* entre l'homme et Dieu est insoluble. » Insoluble
pour vous peut-être! Mais l'*antinomie* qui existe entre l'homme
et Dieu, c'est-à-dire l'opposition, le rapprochement, au moyen
de l'attraction, de ces deux êtres corrélatifs l'un à l'autre, et
leur copulation en vue de la production d'un fait, n'est pas
plus insoluble que celle qui existe entre l'électricité vitrée et
l'électricité résineuse, entre l'aimant et le fer, entre le vide et
le plein.

« L'*absolu* est une conception nécessaire de la raison, mais
» sans réalité. En d'autres termes, Dieu considéré comme la
» synthèse des facultés du fini et de l'infini, n'existe pas. »

L'absolu n'existe pas. — D'accord! — Dieu considéré comme
la synthèse de toutes les choses finies, ne peut être que l'infini;
et l'infini, c'est l'absolu. Dieu infini ou absolu n'existe pas. —
Encore une fois, d'accord! — Mais que, diable! avez-vous besoin de donner à la nature le nom de *Dieu*? Passe encore, si
vous pouviez percevoir la nature infinie! Mais vos facultés étant
essentiellement finies, vous ne pouvez percevoir que des parties
finies de la nature, et, par suite, la nature infinie n'existe pas
pour vous. Dieu est infini ou n'est pas; si la nature n'est pas
infinie pour vous; il ne vous est pas permis de la décorer du
nom de Dieu. Votre Dieu-nature n'existe pas plus qu'aucune
autre espèce de Dieu.

« Sous un autre point de vue, encore, l'homme n'est point
« l'image affaiblie, mais l'image *renversée* de Dieu. »

En effet, si l'homme était l'image affaiblie de Dieu, qui, selon votre aveu, n'est rien, l'homme serait moins que rien.
L'homme est l'image renversée de Dieu, si l'on peut dire que
le positif est l'image renversée du négatif, si ce qui existe est
l'image renversée de ce qui n'existe pas, si le chiffre est l'image
renversée du zéro.

« L'*Égalité* des rapports entre Dieu et l'homme; la distinc-
« tion et l'*antagonisme* de leurs natures; le concours obligé de
« leurs volontés; le progrès de leur accord, sont les dogmes
« fondamentaux de la *philosophie démocratique et sociale.* »

Il faut avouer que Proudhon a donné là de singuliers fondements à sa *philosophie démocratique et sociale!* — Comment
pourrait-il jamais y avoir égalité de rapports entre Dieu et
l'homme, c'est-à-dire entre quelque chose qui n'existe pas et
quelque chose qui existe? — Poussons encore la condescen-
dance jusqu'à oublier qu'il a dit que Dieu n'existe pas. Comment croire qu'il puisse y avoir égalité de rapports entre un
Dieu qui, s'il existe, est nécessairement infini et l'homme qui
est nécessairement fini? L'*infini* de Dieu absorberait le *fini* de
l'homme, parce que le *fini* a place dans l'*infini*. Et l'homme
alors, au lieu d'être un être distinct de Dieu et parallèle à lui,
ne serait plus qu'une partie constitutive de Dieu. Il n'y a pas
d'égalité possible entre l'infini et le fini. — Vous n'avez pu vouloir dire ce que vous avez dit. Par l'*égalité* des rapports entre
Dieu et l'homme, par la distinction et l'*antagonisme* de leurs

natures, **vous avez dû** entendre : l'égalité des rapports entre la partie morale et la partie matérielle de l'homme, la distinction et l'antagonisme de la nature morale et de la nature matérielle, etc. Hors de là votre tirade n'a aucun sens et votre *philosophie démocratique et sociale* risque bien de n'avoir ni rime ni raison.

Vous dites : « Le Christianisme a été la *prophétie* : le Socialisme est la *réalisation*. « Est-ce que par hasard vous auriez aussi la prétention de vous donner comme un des disciples chéris de Jésus-Christ, un descendant des Apôtres, un successeur de saint Paul, un nouveau Père de l'Église, en un mot? — Pourquoi dites-vous que le Christianisme (est la *prophétie?* En bon *antinomiste* que vous êtes, vous deviez dire: Le Christianisme est la *théorie*, le Socialisme est la *réalisation; l'antinomie*, comme vous dites, aurait été plus juste parce qu'on réalise plutôt une théorie qu'une prophétie, à moins que cette prophétie ne soit elle-même une théorie. — Si c'est là votre idée, je vous dirai, sauf respect, que vous connaissez bien mal le Christianisme ou que vous connaissez bien mal le Socialisme, il n'y a pas de milieu. — Encore un, le seul qu'on croyait à l'abri de la contagion, qui se mêle aux autres pour nous chanter en chœur que le Christianisme c'est le Socialisme, et réciproquement, que le Socialisme c'est le Christianisme pur et simple, qu'il n'y a que les noms de changés et que ces noms encore ont la même étymologie! — Si vous réduisez le Socialisme à n'être qu'un mot, ayez donc le courage d'accepter le nom de chrétiens, puisque vous acceptez la chose. Ne bataillez plus ridiculement pour un objet stérile; allez prendre M. de Montalembert par le cou, embrassez-le, et que tout cela finisse; mais, de grâce, ne vous donnez pas comme des hommes sérieux. — Le Christianisme est la théorie dont le Socialisme est la réalisation, comme le Paganisme était la théorie dont le Christanisme fut la réalisation.

« *L'athéisme* est la négation de la Providence, telle qu'elle » résulte de l'accord entre les lois inflexibles de la nature et » les aspirations incessantes de la liberté, et que j'ai essayé de » la définir. »

On a accusé Proudhon d'athéisme, on en avait le droit. Proudhon, à son tour, accuse d'athéisme ses propres accusateurs ; il en a également le droit. — En résumé, lesquels sont des athées de Proudhon ou de ses accusateurs? — Tous, seulement chacun est athée à sa manière, c'est-à-dire que l'athéisme de Proudhon est en raison inverse de l'athéisme de ses accusateurs. Tous ont raison de se traiter d'athées et peuvent être d'égale bonne foi, mais tous ne donnent pas à ce mot la même signification. Les partisans des vieilles doctrines qui accusent Proudhon d'athéisme, définissent ainsi un ATHÉE : *Celui qui ne croit pas en un Dieu souverain, éternel, infini, créateur et conservateur de tout ce qui existe, rémunérateur des vertus et punisseur des crimes des hommes.*

Or, cette doctrine, qui est celle des païens et des chrétiens, c'est-à-dire des matérialistes et des spiritualistes, traite d'athée tout ce qui n'adore pas Jupiter ou Jésus-Christ. Comme il n'y a, en dehors du paganisme et du christianisme, que des socialistes, il ressort de là qu'il n'y a que les socialistes qui soient des athées aux yeux des païens et des chrétiens réunis.

Proudhon est fort adroit dans sa définition de l'athée ; il fait absolument à l'égard des païens et des chrétiens, ce que les païens et les chrétiens font à l'égard des socialistes, c'est-à-dire que pour Proudhon, il n'y a d'athées que les païens et les chrétiens. En effet, pour Proudhon, *l'athée est celui qui nie l'accord entre les lois de la nature matérielle et les lois de la nature morale*. Les païens ne reconnaissant qu'une seule nature, la nature matérielle ; les chrétiens ne reconnaissant non plus qu'une seule nature, la nature morale ; ni païens, ni chrétiens, ne peuvent donc reconnaître un accord quelconque entre deux natures, qu'ils n'admettent pas simultanément, et les uns et les autres sont forcément relégués au nombre des athées. Dans ce système-là, il n'y a donc que les socialistes, c'est-à-dire ceux qui admettent simultanément les deux natures, qui puissent ne pas être des athées.

Au reste, ceux qui traitent Proudhon d'athée, ont bien tort. Personne n'a plus exploré, de la meilleure foi du monde, tous les recoins pour y trouver un Dieu quelconque, si petit qu'il fût. Ce n'est pas sa faute, si la science est venue de toutes parts lui crier que les titres d'authenticité de l'ancien n'étaient pas suffisamment officiels. — Après avoir traité assez cavalièrement, comme chacun sait, le Dieu du ciel, il s'est prosterné à deux genoux devant le Dieu-nature. Le Dieu-nature échappant à ses adorations, à quel Dieu se vouera-t-il enfin, car il lui en faut un, n'y en eût-il plus au monde.

Nous avons fini d'analyser la partie sérieuse de l'article que Proudhon intitule : *Dieu c'est le mal*, et dans lequel il s'évertue à prouver que *Dieu est le bien* et s'efforce de découvrir ce Dieu qui est le bien.

Je me souviens qu'à l'époque de son apparition, ce morceau philosophique fit peu de bruit, parce qu'il ne fut pas compris du public, d'aucuns même prétendaient qu'il ne l'avait guère été de l'auteur. Maintenant que je l'ai expliqué au public et même à l'auteur, si le besoin en était, je finirai par un petit conseil d'ami à l'adresse de ce dernier : qu'il craigne à l'avenir de s'aventurer sans boussole, à travers des routes dont il ne connaît pas bien les détours, de peur qu'à ceux qui lui crieraient : Proudhon, Proudhon, qu'as-tu fait de ta logique ? il ne se vit obligé de répondre : Hélas ! je l'ai perdue en faisant naufrage sur une mer d'écueils que je n'avais pas sondée.

(*Extrait de la* **RÉVOLUTION DES IDÉES,**
ouvrage inédit de l'Auteur.)

Paris.— Typ, FÉLIX MALTESTE et C°, rue des Deux-Portes-St-Sauveur, 22.

9 782013 674034